MESTRE SANG MIN CHO

EDUARDO INFANTE

MESTRE SANG MIN CHO
A vida do introdutor do Taekwondo no Brasil

1ª Edição

Prata

São Paulo-SP
Brasil

Copyright © 2013 do Autor
Todos os direitos desta edição reservados à
Prata Editora (Prata Editora e Distribuidora Ltda.)

Editor-Chefe:
Eduardo Infante

Capa e Projeto Gráfico:
Julio Portellada

Diagramação:
Estúdio Kenosis

Revisão Ortográfica:
Fernanda Secchin e Flávia Portellada

Traduções e interpretações:
Seung Il Oh

Fotos:
Cedidas por Sang Min Cho

Dados Internacionais de Catalogação na Publicação (CIP)
(Câmara Brasileira do Livro, SP, Brasil)

Infante, Eduardo
   Sang Min Cho : a vida do introdutor do taekwondo no Brasil / Eduardo Infante. — 1. ed. — São Paulo : Prata Editora, 2013.

   1. Artes marciais 2. Cho, Sang Min, 1938 — Biografia 3. Filosofia oriental 4. Tae kwon do I. Título.

13-10174   CDD-796.8152092

Índices para catálogo sistemático:
1. Mestres : Taekwondo : Artes marciais : Biografia 796.8152092

Prata Editora e Distribuidora
www.prataeditora.com.br
facebook/prata editora

Todos os direitos reservados ao autor, de acordo com a legislação em vigor. Proibida a reprodução total ou parcial desta obra, por qualquer meio de reprodução ou cópia, falada, escrita ou eletrônica, inclusive transformação em apostila, textos comerciais, publicação em websites etc., sem a autorização expressa e por escrito do autor. Os infratores estarão sujeitos às penalidades previstas na lei.

Impresso no Brasil/*Printed in Brasil*

AGRADECIMENTOS

Ao mestre Sang Min Cho, pela honra e oportunidade de escrever sobre sua impressionante trajetória de vida.

Aos mestres Yeo Jun Kim, Yeo Jin Kim, Carlos Negrão e Djalma dos Santos, pela grande colaboração, sem a qual essa obra perderia grande parte do seu valor histórico.

O Autor

O AUTOR

Eduardo Infante é formado em Administração de Empresas, Comunicação e pós-graduado em Marketing.

Mestre de Taekwondo, faixa-preta 5º *dan*, começou seu treinamento com o mestre Sang Min Cho.

Escritor e editor, trabalha há mais de vinte anos nos segmentos editorial e cultural. Sua principal obra, *Alemanha 1938 — um militar brasileiro e sua família na Alemanha nazista* projetou o autor, que ficou conhecido no mercado editorial brasileiro, especialmente por suas participações em programas de entrevistas como os dos apresentadores Jô Soares e Ronnie Von, entre outros.

Do autor:

Alemanha 1938 – um militar brasileiro e sua família na Alemanha nazista

SUMÁRIO

Prefácios... 11
Introdução... 17

Capítulo 1
A infância durante a invasão japonesa e a Guerra da Coreia............ 19

Capítulo 2
O período pós-guerra na Coreia....................................... 31

Capítulo 3
Sang Min Cho e o nascimento do Taekwondo........................ 43

Capítulo 4
Os problemas políticos e as mudanças na Coreia....................... 55

Capítulo 5
O Brasil... 67

Capítulo 6
Mestre Cho introduz o Taekwondo na Polícia de São Paulo............ 89

Capítulo 7
O panorama das artes marciais no Brasil e no mundo, nas décadas de 1960 e 1970... 97

Capítulo 8
Divulgando o Taekwondo coreano..................................... 107

Capítulo 9
　　Os desafios feitos ao Taekwondo 131

Capítulo 10
　　A mudança da ITF para a WTF 145

Capítulo 11
　　Indo para os Estados Unidos 161

Capítulo 12
　　Como Sang Min Cho vê o Taekwondo atual 175

Capítulo 13
　　A vida e o futuro do grande mestre coreano 189

Bibliografia 199

PREFÁCIOS

EM NOME DA FAMÍLIA GLOBAL do Taekwondo, gostaria de parabenizar a publicação da biografia do grão-mestre Sang Min Cho, introdutor e "pai" do Taekwondo no Brasil.

Acredito que este livro será de grande ajuda tanto para os praticantes de Taekwondo quanto para o público em geral conhecerem a história, a filosofia e a atual situação do Taekwondo brasileiro.

O livro também apresenta grande valor por contar, em detalhes, como o Taekwondo foi introduzido no Brasil e quem foram os mestres pioneiros, além de Sang Min Cho.

Atualmente, o Taekwondo é praticado por cerca de 80 milhões de pessoas em 205 países. Além de ser um esporte, o Taekwondo também contribui para a promoção da paz mundial e a educação dos jovens.

As bem-sucedidas competições de Taekwondo nos Jogos Olímpicos de Londres, em 2012, e o Campeonato Mundial de Taekwondo de 2013, em Puebla, no México, ajudaram ainda mais a consolidar o status do Taekwondo como esporte de alma olímpica para os jogos de 2020, entre outros.

Com o slogan "Mais forte do que nunca!", a World Taekwondo Federation tem divulgado ativamente o Taekwondo pelo mundo nos últimos 40 anos. Desde 2008, a WTF já enviou da Coreia para os mais diversos países cerca de mil membros do Taekwondo Peace Corps para promover a arte marcial e os laços de amizade entre as nações.

Mais uma vez, parabenizo a publicação da biografia de Sang Min Cho, introdutor do Taekwondo no Brasil.

Chung Won Choue
Presidente da World Taekwondo Federation

Atualmente, existem milhões de praticantes do Taekwondo em mais de 205 países por todo o mundo. O grão-mestre Sang Min Cho foi um dos pioneiros a introduzir essa arte marcial coreana, mundialmente conhecida, no Brasil. Ele também desenvolveu, entre outros, o *Chung Hun Hyong*, um dos padrões de formas do Taekwondo ainda praticado pelo mundo afora, até os dias de hoje.

Mestre Cho dedicou toda a sua vida ao Taekwondo e ao seu desenvolvimento, criando e estimulando muitos faixas-pretas e campeões. Os atuais praticantes de Taekwondo certamente têm um débito de gratidão pelo papel e pela dedicação do grão-mestre Sang Min Cho, que fez do Taekwondo o que ele é hoje.

Meus respeitos à sua contribuição e dedicação ao desenvolvimento do Taekwondo.

Grão-mestre Young Bo Kong
Faixa-preta 9º *dan*
Campeão Mundial – ITF – 1974

O GRÃO-MESTRE SANG MIN CHO é um homem de caráter nobre e um amigo querido. Seu sucesso como instrutor e divulgador do Taekwondo concedeu-lhe o respeitável título de "Pai do Taekwondo Brasileiro", especialmente pelo compromisso inabalável em fazer com que seus alunos alcançassem todo o seu potencial em todos os aspectos de suas vidas.

Minhas sinceras congratulações por este livro e pelas conquistas exemplares deste grande mestre.

Grão-mestre Chang Keun Choi
Primeiro campeão coreano de Taekwondo – 1962
Autor dos livros *Traditional Martial Arts Philosophy*
e *The Korean Martial Art of Taekwondo & Early History*

É COM ORGULHO E SATISFAÇÃO que parabenizo a publicação desta biografia.

Realmente admiro a dedicação do grão-mestre Sang Min Cho e reconheço seu valioso papel na construção de um futuro melhor para as próximas gerações. Graças ao esforço positivo dos pioneiros do Taekwondo, como Sang Min Cho, que vidas são tocadas. Agradeço humildemente pelo seu apoio, que tem sido muito importante para alcançar todo o meu potencial.

Todos aqueles que o conheceram admiram seu trabalho e persistência. Seus valores, senso de amor e incentivo permanecerão no coração dos que foram e são guiados cuidadosamente pelo grande mestre, desde os primeiros anos e, certamente, por muitos mais.

Todos nós tivemos ao menos um professor na vida que influenciou nossa personalidade, e o mestre Sang Min Cho, certamente, é um dos meus.

Mais uma vez, agradeço-lhe por sua sabedoria e pelo apoio incondicional através dos anos. Foi através de sua dedicação que me tornei mais forte e motivado. Sempre lhe serei grato por tudo.

Eu nunca vou me esquecer de sua presença em minha vida.

Grão-mestre Sung Hwan Kang
Presidente da American Mexican Taekwondo Association

GOSTARIA DE PARABENIZAR O GRÃO-MESTRE Sang Min Cho pela publicação de sua biografia. Conheço o mestre há muitos anos e sempre me impressionei com seu talento e sua dedicação para o crescimento do Taekwondo.

Ele é conhecido como o introdutor do Taekwondo no Brasil e, como presidente da World Taekwondo Alliance, tem trabalhado muito para o crescimento do esporte, apresentando-o ao mundo.

Recomendo este livro, de uma das mais proeminentes figuras do Taekwondo, para aqueles que queiram aprender sobre essa modalidade.

Grão-mestre William Woo-Yup Yang
Presidente do conselho da US Taekwondo Chung Do Kwan Union

Parabenizo o grão-mestre Sang Min Cho pela publicação de sua biografia que trata da filosofia, da disciplina e da liderança no Taekwondo.

O grão-mestre Cho é considerado o "Pai do Taekwondo" na América Latina, começando a ensinar no Brasil em 1970. Não há pessoa mais indicada para falar sobre a história e a proliferação dessa arte marcial coreana na América Latina do que mestre Cho. Ele é a história viva e uma lenda do Taekwondo americano.

Sang Min Cho semeou o Taekwondo na terra do futebol e do samba, onde esta arte marcial sequer existia na época. Tudo o que ele tinha eram cem dólares no bolso e um diploma de faixa-preta 6º *dan*. Hoje em dia, o Taekwondo é praticado no Brasil e na maior parte da América Latina por milhões de pessoas.

Este livro conta como o Taekwondo começou no Brasil e como se espalhou em outras partes da América Latina. E explica o que a filosofia, a disciplina e a liderança do Taekwondo causaram no contexto da época, pela perspectiva de quem "esteve lá" e "fez acontecer".

Estou certo de que este livro será outra "lenda viva" na história do Taekwondo, uma herança para que as futuras gerações saibam como começou a história do Taekwondo no Brasil e na América Latina.

Grão-mestre Dong Keun Park
Técnico da seleção de Taekwondo dos Estados Unidos nos Jogos Olímpicos de Barcelona – 1992.

INTRODUÇÃO

UMA VIDA DEDICADA À ARTE marcial. Essa seria uma definição muito pouco apropriada para o mestre de origem sul-coreana, Sang Min Cho. Inapropriada, pois retrata apenas parte de sua vida, muito parecida com a de vários outros mestres das mais diversas artes marciais, sejam elas orientais ou ocidentais.

Mestre Cho, como é mais conhecido no Brasil, é um caso raro, uma pessoa única nesse universo das lutas orientais. Seu currículo é um dos mais impressionantes dentre todos os grandes mestres da atualidade e, até mesmo, de todos os tempos.

Se essa definição parece impressionante, basta conhecer um pouco da vida desse grande homem para ver que ele é muito mais do que isso. Mestre Cho foi um dos primeiros mestres de Taekwondo que o mundo conheceu e, certamente, um dos que mais trabalhou para a criação e divulgação dessa arte marcial coreana que se tornou uma das mais importantes modalidades olímpicas.

Sang Min Cho já era um exímio lutador, praticante das milenares artes marciais coreanas, quando se juntou ao general Choi Hong Hi, idealizador e considerado o pai do Taekwondo. Mestre Cho, então, tomou parte na criação das bases dessa arte marcial e na divulgação do Taekwondo fora da Coreia do Sul.

Sua vida, no entanto, não pode ser resumida apenas ao Taekwondo. Desde o seu nascimento até hoje, sua história facilmente renderia um ótimo roteiro de filme hollywoodiano. A infância na Coreia, durante a invasão japonesa, a Segunda Guerra Mundial e a Guerra da Coreia foram épocas marcantes para o jovem Sang Min Cho. O alistamento nas forças armadas de seu país e a vida no pós-guerra lhe deram uma bagagem importantíssima, e ajudaram a forjar seu caráter e seu espírito guerreiro.

Por fim, mestre Sang Min Cho chegou ao Brasil, país que o acolheria com as honras de introdutor oficial do Taekwondo ou o "Pai do Taekwondo Brasileiro", como é conhecido.

As dificuldades no início de sua vida no Brasil contrastam com os louros que colheu, poucos anos depois, por seu brilhante trabalho no desenvolvimento dessa arte marcial em nosso país. Houve muitos percalços em seu caminho. Muitos o desafiaram, mas com sua fibra de mestre, com a habilidade e a garra que só um guerreiro pode ter, mestre Cho nunca se deixou abalar e consagrou-se o mais importante mestre de Taekwondo que já atuou no Brasil. Hoje, residindo nos Estados Unidos, Sang Min Cho ainda atua no cenário do Taekwondo mundial. Organizou e preside associações regionais e mundiais e trabalha, incansavelmente, com o objetivo de renovar o Taekwondo utilizando as tradições mais importantes dessa arte marcial que ele mesmo ajudou a criar e a difundir.

Este livro é um tributo, mais do que merecido, a esse homem de caráter e reputação inabaláveis, e um resgate de sua história de vida que servirá de exemplo para a atual e as futuras gerações de praticantes de Taekwondo ou de qualquer outra arte marcial.

A infância durante a invasão japonesa e a Guerra da Coreia

SANG MIN CHO NASCEU EM 5 de maio de 1938, na Coreia do Sul, em uma região ao sul da península coreana, na cidade de Haenam, estado de Jeolla Nam Do. É o terceiro dos cinco filhos de Soo Chun Cho (pai) e Keum Sil Kim (mãe). Tem dois irmãos mais velhos e duas irmãs mais novas que vivem na Coreia do Sul.

Oficialmente, o ano de seu nascimento é 1941, pois naquela época, na Coreia, em razão da altíssima taxa de mortalidade infantil e dos custos ligados ao registro de nascimento, era muito comum os pais de famílias com poucos recursos esperarem alguns anos para ver se os filhos realmente sobreviveriam. O mais comum era esperar até o quinto ano de idade para fazer o registro oficial. Para termos uma ideia de como a mortalidade infantil fazia parte da vida dos coreanos nesse período, havia uma festa de comemoração dos primeiros cem dias de vida, pois grande parte das crianças não conseguia sobreviver a esse período. A festa era equivalente ou mais importante do que uma festa de aniversário.

Desta forma, muitos coreanos nascidos até o fim da Guerra da Coreia foram registrados dois, três ou até mesmo cinco ou seis anos depois do nascimento, o que se tornou, posteriormente, um problema para o governo coreano por não conseguir estatísticas demográficas muito precisas.

A infância, como a de muitos coreanos na época, foi bastante difícil. A Coreia havia sido ocupada pelos japoneses em 1905 e anexada oficialmente ao Império Japonês em 1910. A ocupação fazia parte do projeto expansionista japonês, que só acabou com sua derrota na Segunda Guerra Mundial, em 1945. Os coreanos conviviam com os invasores de maneira nada amistosa. A família Cho, que já dispunha de poucos recursos financeiros, sofria muito com as privações impostas pela ocupação japonesa.

Seul, capital da Coreia do Sul, em meados dos anos 1920, durante a ocupação japonesa. Todas as placas de sinalização e comércio estão escritas em japonês, pois os japoneses proibiam a utilização da escrita coreana.

A situação da sua família, nas palavras do próprio Sang Min Cho, era "desesperadora". A única preocupação era a sobrevivência, não sobrava espaço para sonhos. Sendo ainda uma criança, normalmente ele só se preocupava com suas atividades diárias e, quando possível, brincava.

A cidade, Haenam, era pequena, e as opções de ensino se resumiam a uma única escola, Pu Pyong, a qual Sang Min Cho passou a frequentar somente depois do fim da invasão japonesa.

Apesar de ainda muito pequeno na época, mestre Cho se recorda bem de várias passagens referentes ao fim do período de ocupação japonesa. Os coreanos, subjugados há décadas, lutavam para manter sua própria identidade cultural. Na escola, eram obrigados a aprender japonês, e todas as manifestações culturais coreanas eram proibidas pelas autoridades japonesas — sempre implacáveis nas punições daqueles que desrespeitassem suas diretrizes.

Entretanto, uma grande parcela da população continuava mantendo suas tradições às escondidas, contando aos filhos a história do seu país, ensinando as músicas e a prática das milenares artes marciais coreanas, fortemente combatidas pelos invasores japoneses.

Para a maioria dos meninos, as artes marciais exerciam um grande fascínio, pois inspiravam uma sensação de poder que, supostamente, daria força física, mental e espiritual àqueles que as praticassem. Em um país ocupado, e com um povo tão oprimido, a possibilidade de ter "superpoderes" era um sonho para os jovens, dentre os quais, muitos desejavam a vingança contra seus opressores, os japoneses. Sang Min Cho não poderia pensar de forma diferente.

Uma das situações que mais revoltava o pequeno Sang Min Cho, em relação aos japoneses, era ver toneladas de arroz plantado e colhido na Coreia sendo embarcadas para o Japão, enquanto a maior parte do povo coreano passava fome. Não era incomum as pessoas morrerem de inanição nas pequenas cidades do país.

Muitas vezes, sua raiva era tanta que ele tinha vontade de tocar fogo em todo aquele arroz, apenas para que os invasores não o roubassem impunemente! Havia uma revolta muito grande e, ao mesmo tempo, um sentimento de impotência diante da figura do invasor japonês. Não havia luz no fim do túnel para aquelas pessoas.

Essa situação de impotência, ao contrário do que acontecia com muitos coreanos, despertou em Sang Min Cho um lado "selvagem", pois ele presenciava as injustiças sofridas pelo seu povo por todos os lados e, ao mesmo tempo, a força e a desumanidade do invasor.

Era fácil identificar as casas dos coreanos e as dos japoneses em todas as cidades. As que tinham teto de palha eram dos coreanos, enquanto as dos invasores eram cobertas por telhas. Em cada detalhe era possível ver que a população coreana não tinha nenhum tipo de conforto, ou melhor, não conseguia nem mesmo satisfazer as suas necessidades básicas.

Norte-coreanos e chineses em um campo de prisioneiros em Busan, Coreia do Sul, abril de 1951.

A cidade na qual morava, apesar de muito pobre, tinha um nível cultural relativamente alto para os padrões coreanos da época. Quem possuía melhores condições econômicas enviava seus filhos para estudar em outras cidades; os demais iam para a escola local, que oferecia uma boa qualidade de ensino, apesar de inferior a muitas outras do país.

Os japoneses impunham fortemente a sua cultura e exigiam total obediência. Era proibido falar o idioma coreano em público, e a escrita deveria ser totalmente banida. Nas escolas, a língua japonesa era imposta como língua oficial do país, e a história coreana não podia ser ensinada. Essa era a estratégia usada para banir a identidade do povo, um subterfúgio contínuo de vencer pelo cansaço ou pela força, quando necessário, matando todos os seus sonhos e esperanças.

O invasor induzia os coreanos a acreditar que eram escravos, criando e estimulando um complexo de inferioridade no povo. Tal atitude despertava e fazia crescer o ódio da população. O intuito dos japoneses era que, após algumas gerações de coreanos oprimidos, sua cultura seria extinta e, finalmente, a península coreana seria, de fato, uma extensão do território japonês.

O período de ocupação japonesa na Coreia foi encerrado em 15 de agosto de 1945, com o fim da Segunda Guerra Mundial e a rendição incondicional do Japão às forças aliadas. Foi um momento de vitória, alegria e alívio para todo o povo coreano. O pesadelo da ocupação japonesa havia acabado. A população nem conseguia acreditar, pois durante a guerra os invasores adotaram uma postura ainda mais agressiva, com práticas muito semelhantes às dos alemães em relação aos judeus, o povo mais perseguido por Adolf Hitler.

Somente após a libertação da Coreia, com a saída das forças invasoras de seu território, Sang Min Cho passou a desenvolver sua autoestima. Ele possui uma forte lembrança de ter aprendido o sentido da palavra "liberdade", da qual tanto ouvira falar, mas que nunca havia realmente experimentado.

Logo depois do fim da Segunda Guerra e da invasão japonesa, sua família sofreu uma grande perda com a morte de Soo Chun Cho, pai de Sang Min Cho, quando este tinha apenas nove anos. Depois disso, sua mãe, Keum Sil Kim, passou a cuidar da família, contando apenas com a ajuda dos filhos mais velhos, já adolescentes.

Aos 12 anos, Sang Min Cho viu o início da Guerra da Coreia, um conflito sangrento travado entre os norte-coreanos, com o apoio do governo chinês e da antiga União Soviética, e os sul-coreanos, defendidos pelas forças militares dos Estados Unidos. A guerra teve início no dia 25 de junho de 1950, e as hostilidades cessaram com uma trégua em 27 de julho de 1953, sem uma declaração oficial de paz, um ganhador ou perdedor. Tecnicamente, as duas Coreias ainda permanecem em estado de guerra até hoje.

Em 1948, houve uma tentativa de unificação da península, apesar das divergências entre os coreanos do norte e os do sul. Uma eleição geral, com o objetivo de criar um governo único deveria ter acontecido, mas tanto os norte-coreanos, sob a forte influência dos soviéticos, quanto os sul-coreanos, apoiados pelo governo americano, temiam que as eleições livres pudessem pender fortemente para algum dos lados, beneficiando apenas os interesses de uma destas superpotências. O impasse estava irremediavelmente criado. Os conflitos armados tiveram início depois do fracasso de todas as tentativas de unificação entre o norte, comunista, e o sul, capitalista.

A península coreana é uma área de extrema importância geopolítica na Ásia. Fica localizada entre a China e o Japão, e constituía uma excelente porta de entrada na região para os soviéticos. Como o Japão estava sob o domínio dos Estados Unidos depois da Segunda Guerra, era inadmissível para o governo de Washington deixar que um "inimigo comunista" — fosse a China ou, especialmente, a União Soviética —, se colocasse tão perto. Da mesma forma, os dois países comunistas estavam decididos a não deixar que os Estados Unidos utilizassem a península coreana como base de lançamento de mísseis nucleares direcionados. China e União Soviética se tornariam um alvo fácil para as armas americanas. Esse impasse culminou na Guerra da Coreia.

A guerra durou três anos, certamente o período mais difícil da vida de Sang Min Cho que, junto à família, sofreu com a fome. A escassez de alimentos era pior do que a que ele havia experimentado durante a ocupação japonesa. Muitas vezes, chegavam a comer arbustos, cascas de tronco de pinheiro ou qualquer coisa remotamente comestível. Em suas próprias palavras, "Era horrível! Quem nunca passou por isso não consegue entender".

Como em todos os percalços enfrentados durante sua vida, essa fase serviu para fortalecer seu espírito e despertar uma enorme força de vontade de crescer e começar a fazer algo importante. Isso, é claro, também aconteceu com milhões de coreanos, que sofreram e viram suas famílias sendo direta e cruelmente afetadas pela guerra.

A Guerra da Coreia, a primeira na história a contar com o uso sistemático de helicópteros, especialmente para o desembarque de tropas, reconhecimento e transporte de feridos.

Logo que a guerra começou, as forças dos norte-coreanos invadiram, rapidamente, o território da Coreia do Sul. Em poucas semanas, chegaram à Haenam, cidade de Sang Min Cho. A invasão durou alguns dias, durante os quais o jovem Cho presenciou muitas mortes. Entretanto, ele não perdeu ninguém de sua própria família. Era um momento de terror e, mais uma vez, veio a sensação de impotência, como nos tempos da ocupação japonesa.

O sofrimento dos coreanos com a guerra foi enorme. Fome, destruição e lutas sangrentas marcaram esse período que dividiu um mesmo povo entre dois países.

Graças à rápida reação das forças armadas dos Estados Unidos, os norte-coreanos foram expulsos de Haenam, e a cidade não sofreria nenhum tipo de combate até o final da guerra, em 1953. Durante esse período, apesar das sangrentas batalhas travadas em território coreano, Sang Min Cho não sofreu diretamente com os combates. Os inconvenientes do conflito, para ele e sua família, não eram muito diferentes daqueles enfrentados anteriormente, durante a ocupação japonesa. A falta de alimentos voltou a ser a principal preocupação da população da região.

A operação militar que libertou a cidade de Haenam dos norte-coreanos foi comandada pelo general Douglas MacArthur, comandante do Exército dos Estados Unidos da América e das Nações Unidas, que coordenou, simultaneamente, um ataque vindo ao sul com outra frente de batalha, vinda de Incheon, na costa oeste da Coreia. Essa ação rápida e incisiva "empurrou" as forças norte-coreanas cada vez mais para o norte, além do paralelo 38, fronteira aceita pelos coreanos do norte e os do sul, antes do início do conflito.

Mestre Cho acredita que se a ação das forças dos Estados Unidos tivesse ocorrido um ou dois meses depois, certamente ele e muitas pessoas de sua família teriam morrido nas mãos dos norte-coreanos.

As forças das Nações Unidas, sob o comando dos Estados Unidos e do general Douglas MacArthur, fizeram os inimigos norte-coreanos e chineses recuarem, de maneira esmagadora, até a fronteira da Coreia com a China.

As ações militares do general MacArthur foram tão contundentes e efetivas que os norte-coreanos se viram forçados a recuar até quase a fronteira com a China. Com esse cenário formado, a China passou a apoiar ostensivamente as forças norte-coreanas, criando um impasse político. Por ordem direta do presidente dos Estados Unidos, Harry S. Truman, o general MacArthur foi obrigado a recuar até o paralelo 38, devolvendo aos norte-coreanos o seu território. Assim, iniciou-se uma guerra de fronteira que, em 1953, findou com uma trégua obtida através de um acordo de cessar-fogo, estabelecendo a paz mesmo sem que um tratado formal fosse firmado entre as partes. Tecnicamente, as duas Coreias ainda encontram-se em estado de guerra até hoje.

Pela ação dos americanos na libertação de sua cidade e por seu papel na pacificação da península coreana, Sang Min Cho, como a maioria da população do país, passou a ter grande admiração pelo povo americano e por seus hábitos culturais. Até mesmo no campo religioso, após o final da guerra, o povo coreano passou a aderir em massa à crença Cristã, especialmente às igrejas protestantes presbiterianas. O Cristianismo passou a ser predominante na Coreia do Sul, e ainda é. Mestre Cho aderiu à fé Cristã e até hoje segue os preceitos do Cristianismo que se fortaleceram em sua vida, no decorrer dos anos.

> Muitas vezes, chegavam a comer arbustos, cascas de tronco de pinheiro ou qualquer coisa remotamente comestível. Em suas próprias palavras, 'Era horrível! Quem nunca passou por isso não consegue entender.'

O período pós-guerra na Coreia

COM O FIM DA GUERRA da Coreia, em 1953, Sang Min Cho, então com 14 anos de idade, terminava o estudo fundamental.

A fome ainda assolava a sua família, que sobrevivia como podia. A escassez de alimentos os obrigava a comer qualquer tipo disponível de vegetação ou de animais, quando necessário.

A Coreia do Sul estava devastada e o povo sofria com a falta de recursos. Com mais de quatro milhões de mortos contabilizados, o conflito tornou-se um dos maiores e mais sangrentos do século 20. O governo dos Estados Unidos ofereceu assistência financeira à Coreia do Sul após o fim do conflito, mas levou anos para o país sair da condição miserável na qual se encontrava. Já a Coreia do Norte, também destruída pela guerra, recebeu o auxílio das potências comunistas, e seu governo se estabeleceu como uma ditadura militar comunista que resiste até hoje, a duras penas.

Coreia do Norte e Coreia do Sul tornaram-se dois mundos diferentes, dois planetas distintos. A primeira sofre com uma ditadura ineficiente que mantém o povo sob um regime de terror, fome e miséria; já segunda, seguindo as orientações do capitalismo e da democracia, tornou-se uma das maiores potências econômicas e tecnológicas do planeta, com um elevado grau de desenvolvimento humano e qualidade de vida.

Após terminar o colégio, Sang Min Cho passou a estudar em uma escola técnica — muitas estavam sendo criadas, visando a reconstrução da infraestrutura coreana —, e começou a trabalhar como auxiliar administrativo em uma outra instituição educacional.

Mestre Cho se definiu como um adolescente "bagunceiro, meio briguento". Um de seus amigos praticava Caratê e tentou convencê-lo a treinar com ele, mas Sang Min Cho, devido à influência americana, preferiu aprender boxe e treinar com outro amigo. Entretanto, sempre apanhava nas demonstrações de boxe, e isso passou a incomodá-lo bastante. Então, decidiu treinar outro tipo de luta.

O Tang Soo Do é uma luta típica coreana, definida na época como "Caratê coreano". O jovem Cho começou a praticá-la no instituto Chong Yong Kwan, em 1956, com Yu Sun Kim, seu primeiro mestre. Em seguida, passou a ter aulas com o mestre Jae Chun Ko que, a partir de 1959, passou a fazer parte da equipe militar coreana de demonstrações de Taekwondo, sob o comando do general Choi Hong Hi.

O treinamento sob o comando do mestre Jae Chun Ko era fortemente influenciado pelo tradicional Caratê japonês, com longas sessões de socos em uma tábua de madeira fixada ao solo, envolta com barbante grosso, conhecida como *makiwara*, em japonês. A ênfase era dada nas bases de sustentação, ou seja, nas mais diferentes posições de combate e no treinamento de sequências de movimentos. Essas sequências, segundo mestre Cho, eram variadas, com alguns dos *hyongs* criados pelo general Choi — pelo que se lembra, seriam as sequências chamadas *chon-ji*, *hwarang* e o *chung moo* — e, ainda, alguns antigos *katas* do Caratê japonês.

Depois de um tempo, Sang Min Cho começou a dar aulas de Tang Soo Do em sua cidade. Naquela época, quando ainda não se falava em Taekwondo, o Tang Soo Do começou a ser amplamente difundido no interior da Coreia.

Em 1958, ele alistou-se voluntariamente ao exército sul-coreano. A carreira militar era considerada uma das melhores e mais seguras na época, e quem podia, tentava o alistamento. Durante esse período, Sang Min Cho, além de aprender a disciplina militar e ter todo o treinamento necessário, continuou a praticar o Tang Soo Do, aprimorando seus conhecimentos com as técnicas de combate ensinadas pelo exército. Fez parte do quadro das forças armadas até 1961, quando voltou à sua cidade para continuar seu treinamento e dar aulas de Tang Soo Do.

Mestre Sang Min Cho (sentado ao centro) e os alunos de sua academia, em Seul, na Coreia do Sul. À esquerda de mestre Cho, seu aluno e cunhado, mestre Kun Joon Kwon, que mais tarde também viria para o Brasil. Foto de 26 de julho de 1969.

Concluído seu aprendizado de Tang Soo Do, mudou-se para a capital, Seul, com o intuito de abrir uma escola para ensinar essa arte marcial. A mudança foi crucial para o seu futuro sucesso. Na época, com apenas 24 anos, conheceu o general Choi Hong Hi, fato que mudaria completamente os rumos de sua vida.

Em Seul, Sang Min Cho abriu uma academia de Tang Soo Do chamada *Chang Eun*. Em pouco tempo, conheceria sua futura esposa, Bo Sun Kim, uma professora de bordados seis anos mais jovem. Ela nasceu na cidade de Kim Jae, no estado de Jeolla Buk Do, em 29 de maio de 1944. Assim como seu futuro marido, Bo Soo Kim foi registrada oficialmente bem depois de seu nascimento, somente em 1946.

Casaram-se aproximadamente um ano depois, no dia 21 de janeiro de 1963. A cerimônia aconteceu em Seul, em um local utilizado tradicionalmente para a celebração de casamentos, chamado *Kyong Dong*. Nesse mesmo ano, Sang Min Cho completou 25 anos e Bo Sun Kim, 19. Sua esposa tinha uma irmã e dois irmãos mais novos, vidas que seriam ligadas à de mestre Cho de uma maneira que ele sequer poderia imaginar.

Em 1966, já era mestre de Taekwondo no instituto *Chung Yong Kwan*, em Seul e, em 1967, assumiu a direção, tornando-se o mestre responsável e presidente do instituto *Chin Mu Kwan* de Taekwondo.

De 1968 ao início de 1970, foi instrutor da International Taekwondo Federation (ITF), formando mestres que iriam difundir o esta arte marcial mundo afora. O ensino era destinado a mestres acima da faixa-preta 4º *dan*. Durante esse período, mestre Cho, com a graduação de 5º *dan*, formou vários dos mestres que também viriam, depois dele, divulgar o Taekwondo no Brasil.

Como instrutor da ITF, Sang Min Cho, a pedido do general Choi Hong Hi, criou três novas sequências de movimentos — na época, chamadas de *hyong* — compostas por chutes, socos, ataques e defesas que simulam uma luta contra adversários imaginários. Esses *hyongs* (*Ko Dan*, *Eui Am* e *Po Un*) — ou *poomses*, na atual WTF — fazem parte das bases mais importantes do Taekwondo. Depois disso, ele participou de um grupo que tinha como objetivo a criação de mais um novo *hyong* (*Chung Hun*), completando o número de 24 movimentos, representando o ciclo das 24 horas do dia.

Sang Min Cho em foto do anuário da ITF, em 1968, já como instrutor dos futuros mestres internacionais e membro permanente da entidade.

Antes mesmo da finalização dos 24 *hyongs*, o general Choi pediu ao mestre Cho que coordenasse a produção de um filme promocional do Taekwondo, com uma versão em coreano e outra em inglês. Esse filme seria veiculado na Coreia e em outros países, levado pelos mestres que divulgariam o Taekwondo pelo mundo.

Sang Min Cho desenvolveu o roteiro e participou da produção do filme, que mostra todas as técnicas de ataque e defesa contidas nos 20 primeiros *hyongs*; demonstrações de quebramento de telhas e de madeira; lutas e táticas de defesa pessoal, além de técnicas de defesa relacionadas a combates militares, demonstradas pelo próprio mestre Cho. Estas técnicas são formadas por uma sequência de defesas contra um oponente armado com uma baioneta — espécie de rifle militar com uma faca acoplada na extremidade, usada também em lutas corpo a corpo, nos campos de batalha.

Mestre Sang Min Cho com o diretor de cinema Yoo Hun Mook, durante a produção do primeiro filme institucional de Taekwondo feito no mundo. A produção foi contratada pelo general Choi Hong Hi, e mestre Cho foi o responsável pela realização do projeto. Seul, Coreia do Sul, 1969.

A produção exibe um conteúdo bem didático, no padrão utilizado pelos filmes de treinamento das forças armadas ou dos documentários americanos produzidos entre as décadas de 1940 e 1960. O intuito era mostrar, em detalhes, os conceitos básicos do Taekwondo, sua eficiência e suas aplicações principais, especialmente para uso militar. Mostra, também, como esta arte marcial pode ser praticada por mulheres e crianças com bons resultados. Vale lembrar que, na década de 1960, especialmente no Ocidente, lutas e artes marciais eram consideradas atividades restritas a homens. No entanto, visando ampliar o público-alvo, o filme mostra crianças e mulheres, incluindo uma faixa-preta, lutando e demonstrando técnicas de defesa pessoal. O curioso, tendo em vista o cenário atual do Taekwondo, é que a produção não aborda o lado esportivo da arte marcial coreana em momento algum. O foco da divulgação pretendida pelo general Choi Hong Hi era unicamente a arte marcial e não o Taekwondo como um esporte de competição.

Mestre Sang Min Cho em cena, no primeiro filme institucional sobre o Taekwondo, produzido em 1968, na Coreia. Na foto, mestre Cho salta por cima de dois homens e quebra, com um chute (*timio yop tchagui*), uma madeira posicionada no outro lado, a cerca de 2 metros de altura.

O filme foi essencial para convencer os militares dos mais diversos países a respeito da eficiência do Taekwondo nas forças armadas, como desejava seu criador, general Choi Hong Hi. Eram imagens impressionantes para a época, especialmente pelo fato de o mundo ocidental não estar acostumado a esse tipo de arte marcial ou mesmo a formas similares de luta.

Em ocasiões especiais, mestre Cho exibia o filme para os alunos em sua academia no Brasil. Era uma forma de incentivar a prática da arte marcial coreana, além de demonstrar as técnicas e motivar os praticantes a se dedicarem aos treinamentos. Filmado em formato 16 mm, era passado num enorme projetor antigo equivalente aos utilizados em muitas salas de cinema na época. Anos depois, mestre Cho conseguiria salvar esta preciosidade histórica em forma de arquivo digital, protegendo o conteúdo da deterioração inevitável dos antigos filmes de celulose.

Certificado de faixa-preta 5º *dan* emitido pela Associação Coreana de Hapkido. Sang Min Cho recebeu esta graduação em julho de 1969.

Era o período de criação e crescimento de uma arte marcial que ganharia o mundo em poucos anos. Com tantas opções para incrementá-la ainda mais, o general Choi, que confiava muito em sua capacidade e no seu discernimento, pediu a Sang Min Cho que estudasse opções para que o Taekwondo fosse aprimorado. Para isso, mestre Cho praticou o Hapkido, a luta coreana cujos focos principais são as defesas pessoais e as torções, e o Kendô, famosa arte marcial dos samurais japoneses, cujos combates são travados com espadas tradicionais. O objetivo era conhecer melhor o caminho ou a filosofia dessas artes marciais.

O resultado desse laboratório foi a inclusão feita por mestre Cho das técnicas de defesa pessoal no Taekwondo, características marcantes da luta que, segundo ele, "infelizmente, são deixadas em segundo plano pela maioria dos instrutores nos dias de hoje". E acrescenta, "O Taekwondo não é somente uma luta esportiva, é uma arte marcial que só pode ser completa com o treinamento de defesas pessoais".

Mestre Sang Min Cho (ao centro, em pé) e todos os seus alunos do curso de instrutores internacionais da turma de 1968. Foto do anuário oficial da ITF.

Além destas técnicas, ele também treinou e aprimorou o uso de algumas armas brancas (sem poder de fogo), para os praticantes do Taekwondo. Por ter estudado muito e possuir grande habilidade com as espadas tradicionais, os bastões e o *nunchaku* (em coreano, *yon bom*), entre outras, mestre Cho sempre viu o uso dessas armas como um conhecimento adicional importante para os praticantes, especialmente o *nunchaku*, por considerá-lo uma arma de grande eficiência. Quando se mudou para o Brasil e começou a divulgar o Taekwondo, o *nunchaku* foi a arma oriental escolhida para ser ensinada sistematicamente aos alunos, especialmente os mais graduados e os faixas-pretas. As demonstrações feitas por Sang Min Cho sempre impressionavam muito o público presente.

Em 1965, nasceu sua primeira filha, Hion A, que adotou, no Brasil, o nome Mariza. Em 1968, Sang Min Cho e Bo Sun Kim tiveram sua segunda filha, Hion Kiung, que passou a se chamar Suzana. Essa mudança de nome, ou "adaptação", é comum entre os coreanos que vivem nos países ocidentais. Devido à dificuldade na pronúncia dos nomes coreanos pelos ocidentais, a adoção de um nome "estrangeiro" facilita a comunicação.

> O Taekwondo não é somente uma luta esportiva, é uma arte marcial que só pode ser completa com o treinamento de defesas pessoais.

>

Sang Min Cho e o nascimento do Taekwondo

QUANDO O POVO COREANO COMEÇOU a ouvir falar da criação de uma arte marcial nacional, não se mencionava o nome Taekwondo. Geralmente, o nome mais comentado era Tekkyon. O próprio presidente coreano, Seung Man Lee, que governou a Coreia do Sul de 1948 a 1960, costumava chamar a arte marcial coreana de Tekkyon. Nas forças armadas, entretanto, por influência direta do general Choi Hong Hi, o nome adotado já era Taekwondo. Como se vê, não havia um consenso sobre o nome definitivo dessa arte marcial, que se encontrava em estágio embrionário na década de 1950.

Outras denominações vieram depois do Tekkyon — que era o nome de uma antiga arte marcial coreana. Tang Soo Do, Tae Soo Do e Gong Soo Do, cujo significado é o mesmo de Caratê, em japonês "mãos vazias". Todos esses foram nomes cogitados e até mesmo utilizados por parte dos mestres coreanos da época.

Em 1962, Sang Ming Cho realizou uma demonstração de Tang Soo Do para um grupo de militares americanos em uma base militar próxima a Seul (8º Exército). Nesse dia, o general Choi, que estava presente, ao ver sua habilidade e talento, convidou o jovem para trabalhar com ele na estruturação da nova arte marcial. Foi o início de uma grande parceria e amizade, que só rendeu bons frutos para o jovem mestre.

Sang Min Cho já tinha uma grande bagagem nas artes marciais e, por essa razão, sua adaptação ao Taekwondo foi bem rápida. No Tang Soo Do, a graduação para praticantes era de até três faixas: branca, vermelha e preta, e o tempo de permanência em cada uma delas era muito grande. Por sua grande experiência, Sang Min Cho já estava apto para começar a nova modalidade como mestre quando passou para o Taekwondo.

Para auxiliar o general e criador da nova arte marcial coreana, mestre Cho passou por um curto período de adaptação às técnicas do Taekwondo, embora já estivesse familiarizado com parte do currículo criado pelo general Choi, especificamente o conhecimento de algumas das sequências de movimentos, os *hyongs*.

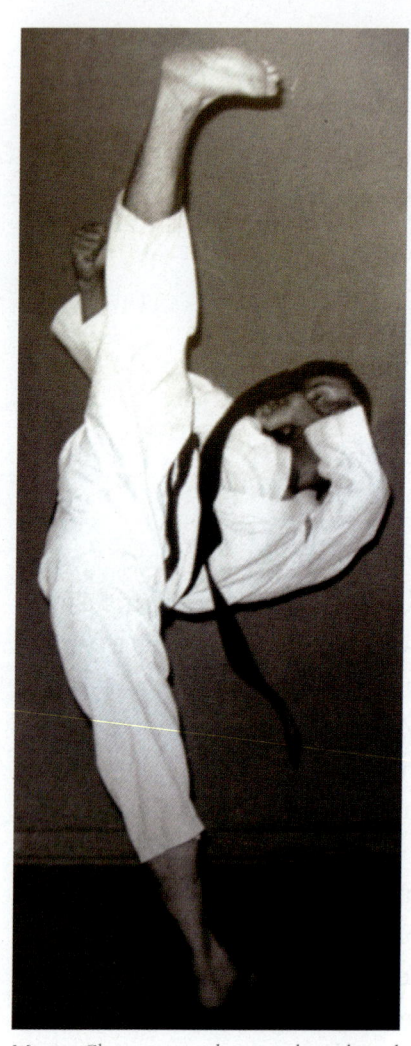

Mestre Cho executando um chute lateral (*yop tchagui*).

O general Choi acompanhou pessoalmente a adaptação do mestre Cho para o Taekwondo. Depois, juntos, passaram para a criação de movimentos. Todas as bases da nova arte marcial já haviam sido criadas pelo general Choi e pelo coronel Nam Tae Hi que, na época, ainda era capitão do Exército.

Nessa época, recebeu sua primeira graduação no Taekwondo, passando a ser mestre faixa-preta 5º *dan*, ou seja, cinco graus acima da faixa-preta. Por definição, no Taekwondo, faixas-pretas do 1º ao 3º *dan* são chamados de professores, do 4º ao 6º *dan* são chamados de mestres e do 7º *dan* em diante são chamados de grão-mestres. Como mestre Cho já trabalhava para o general Choi na ITF, não houve a necessidade da emissão do certificado de 5º *dan* para ele, na época. Entretanto, em 1970, pouco antes da mudança para o Brasil, ele recebeu seu primeiro diploma da ITF, a faixa-preta 6º *dan*. O intuito do general Choi, com esse certificado, era dar ao mestre Cho maior credibilidade.

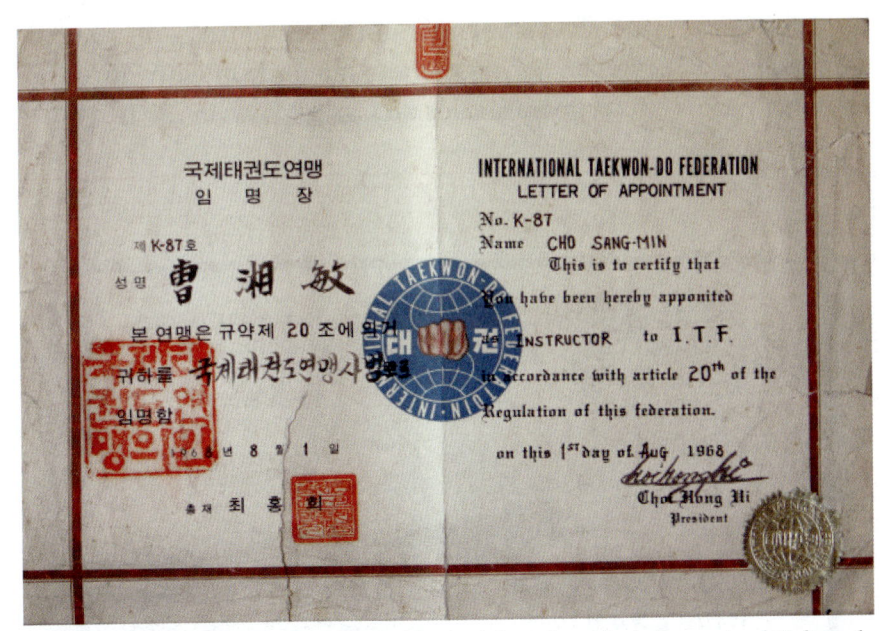

Certificado de Sang Min Cho como instrutor oficial de Taekwondo da International Taekwondo Federation (ITF), emitido em 1º de agosto de 1968.

Sang Ming Cho, mesmo com sua academia em Seul funcionando normalmente, conseguia se dedicar com afinco às necessidades da ITF e auxiliar o general Choi da melhor maneira possível.

O papel do mestre era pesquisar formas de aperfeiçoar a força alcançada com os movimentos ou golpes. Os estudos baseavam-se especialmente no Caratê e eram bem detalhados para a época. O objetivo era analisar a biodinâmica de cada chute, soco ou defesa, e encontrar a melhor forma de execução para cada um. Os movimentos deveriam ser realizados de modo a maximizar a força do lutador. Com base nesses procedimentos, mestre Cho e o general Choi concluíram que, para alcançar esse objetivo, os movimentos do Taekwondo precisariam ser mais alongados e de maior alcance, para obter a maior eficiência possível.

Também com a incumbência de auxiliar na criação de quatro novas sequências de *hyongs*, mestre Cho foi orientado a basear-se nos *katas* do Caratê japonês. Entretanto, por determinação do general, todos os *hyongs* deveriam ter um número maior de movimentos e ser mais complexos em comparação aos do Caratê.

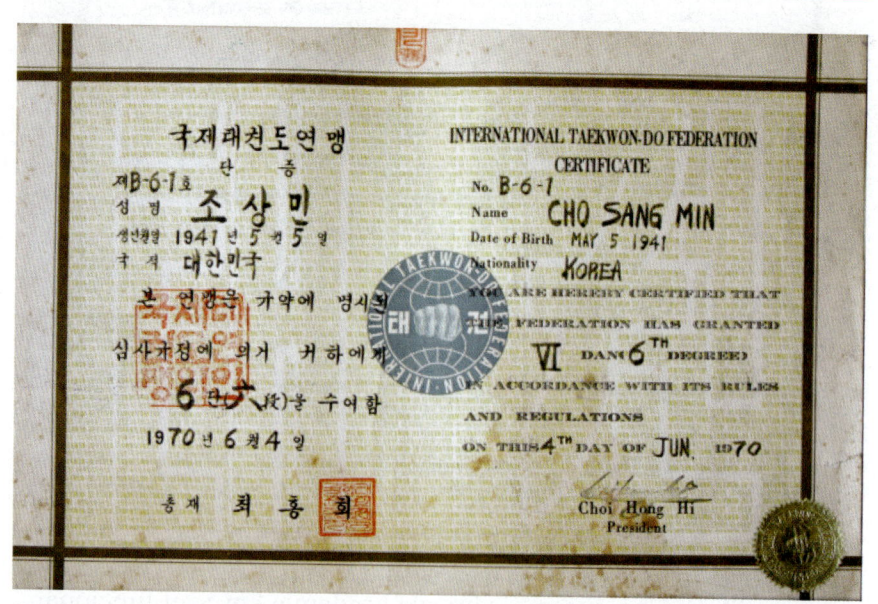

Certificado de faixa-preta 6º *dan*, o primeiro diploma de graduação do mestre Cho desde que migrou para o Taekwondo ITF do general Choi Hong Hi. O comprovante foi emitido pela ITF em 4 de junho de 1970, pouco antes de sua viagem para o Brasil.

Durante esse período, mestre Cho "mergulhou de cabeça" nas pesquisas para aprimorar o Taekwondo. Essa dedicação e eficiência impressionavam cada vez mais o general Choi, que acabava delegando mais autonomia para Sang Min Cho estabelecer mudanças e quebrar paradigmas. Ele foi um grande conselheiro para o general e, sem dúvida alguma, teve um papel primordial no nascimento e no aprimoramento do Taekwondo.

Somente em 1965, depois de muitas disputas políticas, graças à força do general Choi Hong Hi e do coronel e mestre Nam Tae Hi, o nome Taekwondo foi oficializado. Até então, o nome mais aceito, fora do meio militar, era o Tae Soo Do. Por cerca de dois anos, a Associação Coreana de Tae Soo Do foi a principal referência da nova arte marcial coreana. Com a mudança, a entidade passou a se chamar Associação Coreana de Taekwondo ou Korea Taekwondo Association (KTA), como é conhecida na Coreia.

General Choi Hong Hi, "Pai do Taekwondo", com um grupo de mestres internacionais, na Coreia, em 1969. O terceiro da esquerda para a direita é Kun Joon Kwon, cunhado de Sang Min Cho, e um dos quatro mestres que vieram para o Brasil no primeiro grupo depois da chegada de mestre Cho ao país.

Segundo o próprio mestre Cho, os dois idealizadores do Taekwondo foram o general Choi Hong Hi e o coronel Nam Tae Hi. Entretanto, apenas o general Choi é reconhecido como o "Pai do Taekwondo", porque a "semente" de uma luta nacional nasceu através de seu papel direto na criação do modelo da nova arte marcial. Foi através de seu grande empenho e eficiência na unificação das artes marciais coreanas que o Taekwondo começou a ser difundido pelo mundo.

A adoção do nome Taekwondo acabou sendo uma imposição do então presidente da Coreia do Sul, Chung Hee Park, que cedeu às pressões dos militares e, em especial, aos esforços do general Choi Hong Hi. Um ano depois, em 1966, o general Choi criou oficialmente a International Taekwondo Federation (ITF), entidade que tinha como objetivo divulgar a arte marcial coreana para outros países.

Choi Hong Hi nasceu na Coreia do Norte muito antes da divisão do país e foi estudar no Japão, durante o período de ocupação nipônica. Segundo mestre Sang Min Cho, o general era um homem de grande caráter, generoso, bom para com seus discípulos e alunos e sempre procurava dar bons exemplos. Em suas palavras, "um homem de personalidade, sem dúvida, muito especial". Ele tinha uma grande admiração pelo caráter e retidão do general coreano.

O general Choi acreditava no espírito do Taekwondo e na sua utilidade como arte marcial para uso militar. Essa crença vinha da certeza de que a luta corporal é um grande diferencial para combatentes e, por isso, se esforçou tanto para introduzir o Taekwondo nas forças armadas da Coreia do Sul. Dizia que "em uma batalha, é muito mais eficiente bater do que agarrar". Por essa razão, o Taekwondo foi desenvolvido como uma luta de combate "em pé", tendo chutes e socos como principais armas.

Após ser nomeado oficialmente como instrutor, com a graduação de faixa-preta 6º *dan*, mestre Cho passou a lecionar na sede da ITF apenas para mestres com graduação acima da faixa-preta 4º *dan*. De 1968 a 1970, formou instrutores internacionais para que pudessem ser enviados às mais diversas partes do mundo com o objetivo de difundir o Taekwondo coreano.

Segundo mestre Cho, o curso para instrutores tinha duração de três meses, com carga horária de seis horas por dia, sendo quatro pela manhã e duas à tarde. O curso era muito disputado, e apenas os melhores podiam participar. Além da exigência de graduação mínima no 4º *dan*, o candidato a uma vaga deveria apresentar uma carta de recomendação do mestre responsável pela sua academia ou estilo (*kwan*). Todos os dias, após lecionar no curso da ITF, Sang Min Cho trabalhava com o general Choi e, à noite, ainda lecionava na sua academia, para alunos regulares.

Terceiro Curso de Instrutores Internacionais da ITF – International Taekwondo Federation. Foto do anuário da ITF de 1968, ano em que Sang Min Cho assumiu o curso. Os que estão sentados faziam parte do quadro permanente da entidade: na primeira cadeira à direita está o mestre Cho; ao centro, o general Choi Hong Hi. Em pé, os alunos do curso. Alguns deles, alunos de Sang Min Cho, vieram para o Brasil. Da esquerda para a direita: o terceiro é o mestre Sang In Kim, o sétimo é o mestre Back Soo Lee e o décimo primeiro é o mestre Kun Joon Kwon.

Muitos mestres coreanos que vieram para o Brasil, depois de Sang Min Cho, foram seus alunos no curso de instrutores internacionais da ITF, entre eles, seu cunhado, mestre Kun Joon Kwon, que lecionou em São Paulo-SP, mestre Ku Han Kim, em Londrina-PR, mestre Sang In Kim, também em São Paulo-SP, mestre Woo Jae Lee, no Rio de Janeiro-RJ e mestre Ke Joon Lee, entre outros.

Até então, a divulgação internacional do Taekwondo era feita esporadicamente, ou em pequena escala. O general Choi Hong Hi já havia enviado seu mestre mais proeminente, o coronel Nam Tae Hi, para divulgar o Taekwondo no Vietnã, onde passou a ser considerado o "Pai do Taekwondo Vietnamita". Além disso, eventualmente, o próprio general Choi organizava demonstrações em países asiáticos.

A introdução do Taekwondo no Vietnã, durante o sangrento conflito que assolou o país, foi o primeiro grande impulso para a sua expansão pelo mundo. Os militares americanos usaram o Taekwondo pela primeira vez em situações reais de combate e puderam constatar a sua eficácia.

Nessa época, as escolas tradicionais de lutas coreanas, conhecidas como *Kwans*, passaram a utilizar o nome Taekwondo, mas mantiveram suas respectivas técnicas e estilos. A migração completa só aconteceu por imposição do presidente sul-coreano Chung Hee Park, que governou o país de 1962 a 1979. Mestre Cho foi o principal representante do general Choi Hong Hi nas negociações para a unificação dos *kwans* (estilos). Muitos alegavam que as características de cada um dos estilos já existentes não impediam a existência de uma arte marcial nacional coreana.

O mestre Sang Min Cho tinha como missão provar o contrário, pois se muitos estilos continuassem a existir sob o nome genérico de Taekwondo, na prática, continuariam existindo diversas lutas e não uma arte marcial unificada. Seria como na China, onde existem mais de mil artes marciais diferentes, ou melhor, mais de mil estilos diferentes: serpente, garra de águia, tigre, wing chun etc, conhecidos como Kung Fu (na realidade, na China, o nome utilizado é Wu Shu e não Kung Fu). Desta forma, não podemos dizer que o Kung Fu seja uma luta, mas sim o nome genérico adotado no Ocidente para designar as artes marciais chinesas.

Como estratégia para tumultuar ainda mais as negociações e mostrar a importância da unificação, mestre Cho começou a criar novos *kwans* com a ajuda do grupo que apoiava o general Choi. Essa estratégia se mostrou bastante eficiente e influenciou na decisão do presidente Chung Hee Park de unificar os *kwans*, mesmo contra a vontade de muitos.

Sang Min Cho foi o primeiro mestre a sair da Coreia enviado oficialmente, com um carimbo especial no passaporte indicando "instrutor de Taekwondo". Seu destino era o Brasil. A nova arte marcial estava começando a se tornar oficial, e sua divulgação pelo mundo afora seria apenas uma questão de tempo.

> Após ser nomeado oficialmente como instrutor, com a graduação de faixa-preta 5º *dan*, mestre Cho passou a lecionar na sede da ITF apenas para mestres com graduação acima da faixa-preta 4º *dan*.

Os problemas políticos e as mudanças na Coreia

NO FINAL DA DÉCADA DE 1960, mestre Sang Min Cho acompanhou de perto um período turbulento para o general Choi Hong Hi. Embora estivesse realizando um ótimo trabalho à frente da ITF, em parceria com outras associações coreanas e mundiais, o general Choi passou por sérios problemas políticos na própria Coreia. O então presidente Chung Hee Park, líder de um grupo de militares que tomou o poder na Coreia do Sul em 1962, na época do golpe, era um tenente que foi promovido a general pela própria força do movimento golpista.

Mesmo sendo hierarquicamente inferior, o presidente Park se tornou general e presidente do país, criando uma hierarquia "diferenciada". Apesar de ter feito parte do grupo que tomou o poder, o general Choi não gostou de Park ter assumido a presidência pelo golpe militar, cujo objetivo inicial era empossar um civil.

Assim como em muitos golpes militares na história da humanidade — incluindo a revolução militar em 1964, no Brasil —, a tomada do poder pelos militares sul-coreanos, em 1962, deveria ter sido provisória, apenas para dar condições ao país de realizar eleições e colocar um civil novamente na presidência.

O general Choi não era o único descontente. Outros generais também não aprovavam o presidente, pois Park, juntamente com outros militares que o apoiavam, desrespeitaram o acordo firmado entre eles. O grupo ligado a Park o pressionava para que não deixasse a presidência, pois não queria perder as regalias que o poder proporcionava, e diziam ao presidente que ele certamente seria condenado por aquele que assumisse seu lugar, caso deixasse o poder.

Antes das divergências, o general Choi e o presidente Park tinham um bom relacionamento. Houve um episódio marcante no qual o então tenente Chung Hee Park, um militar problemático, foi expulso do exército com desonra, sob a acusação de liderar uma revolta com outro militar. Depois da condenação, entretanto, o general Choi contribuiu para que o futuro presidente Park fosse reintegrado ao exército e pudesse chegar ao posto de general, graças ao golpe militar em 1962.

Essa ajuda recebida e a suposta gratidão, no entanto, foram insuficientes para minimizar os atritos entre os dois, anos depois, durante o governo de Park. Os problemas e os desentendimentos apenas se agravaram com o decorrer do tempo. Segundo mestre Sang Min Cho, o general Choi passou a não acatar mais aos pedidos diretos do presidente, acreditando estar politicamente seguro, pois contava com forte apoio dos militares. Entretanto, o grupo de apoio ao presidente Park, dentro do exército, passou a controlar, perseguir e minar o suporte que o general Choi tinha dentro das forças armadas.

Na primeira oportunidade, para se "livrar" do general Choi, o presidente Park o enviou para a Malásia como embaixador do governo sul-coreano. Era uma forma de afastá-lo do centro das decisões políticas, em Seul. Na Malásia, por estar mais preocupado com o Taekwondo do que com seus deveres diplomáticos, o general Choi começou a difundir a arte marcial, organizando demonstrações e incentivando a abertura de academias.

Em 1969, o presidente Park incumbiu o chefe da segurança da presidência, Un Young Kim, e o chefe de um departamento ligado diretamente à presidência, Jong Woo Lee (ambos não mantinham boas relações com o general Choi), de criar uma entidade esportiva nacional que englobasse vários esportes, incluindo o Taekwondo, o que daria mais força política a essa entidade.

General Choi Hong Hi, idealizador e "pai" do Taekwondo coreano.

Na opinião do mestre Cho, Jong Woo Lee foi diretamente responsável pelo "fim do Taekwondo coreano", pois essa divisão somente enfraqueceu o potencial de desenvolvimento da arte marcial.

Sang Min Cho e Jong Woo Lee tiveram muitos desentendimentos nesse período. O principal motivo das desavenças era a discórdia em relação aos *kwans* (estilos). Para o mestre Cho, a unificação dos estilos era a única solução viável para a estruturação e a consolidação do Taekwondo coreano como uma arte marcial nacional, com grande potencial para ser difundida em todo o mundo. Jong Woo Lee, no entanto, não concordava. Para ele, o Taekwondo poderia conviver com a diversidade de estilos, como muitas outras artes marciais orientais, em especial, o Kung Fu chinês.

Foi criado, então, um comitê com seis membros: dois da Casa Azul (sede do governo sul-coreano), dois da Central de Informações (KCIA – a CIA coreana) e dois ligados ao Taekwondo (Sang Min Cho era um dos representantes). A Casa Azul e a KCIA entraram em acordo para que o general Choi presidisse a entidade. Como o general se recusou, acreditando que a política da nova entidade não seria boa para o Taekwondo, o presidente Park deu início a um rápido processo para isolar Choi Hong Hi, limitando sua influência no meio político e militar.

Era uma briga de egos pelo poder. A partir de então, aqueles que apoiavam o general Choi começaram a sofrer perseguição política, e o general decidiu enviar o mestre Sang Min Cho para o Brasil com o intuito de criar uma nova frente para a ITF fora da Coreia.

A decisão de enviar o mestre Cho ao Brasil aconteceu de maneira repentina, devido a um incidente ocorrido quando ele comandava o treinamento para os futuros mestres internacionais da ITF. Durante um treino com cerca de 40 a 50 mestres, um grupo numeroso de "capangas" ligados à promotoria pública, enviados por inimigos políticos do general Choi, foi ao centro de treinamento para provocar uma briga, com o intuito de desmoralizar o mestre Cho e o próprio general Choi Hong Hi.

Na briga, Sang Min Cho e os outros mestres de Taekwondo levaram a melhor e bateram muito em seus agressores. Naquela época, e até os dias de hoje, era muito difícil conseguir armas na Coreia, fato que possibilitou a reação dos mestres, porque os capangas estavam armados somente com facas.

Mesmo sendo em legítima defesa, em reação a provocações explícitas, mestre Sang Min Cho acabou sendo fichado na polícia por agressão. Depois desse incidente, o general Choi percebeu que a perseguição política havia chegado a um nível desleal e criminoso, e concluiu que o primeiro alvo de seus inimigos era o mestre Sang Min Cho. O general Choi acreditava que certamente haveria algum tipo de retaliação contra mestre Cho, e imaginou que as coisas poderiam piorar muito.

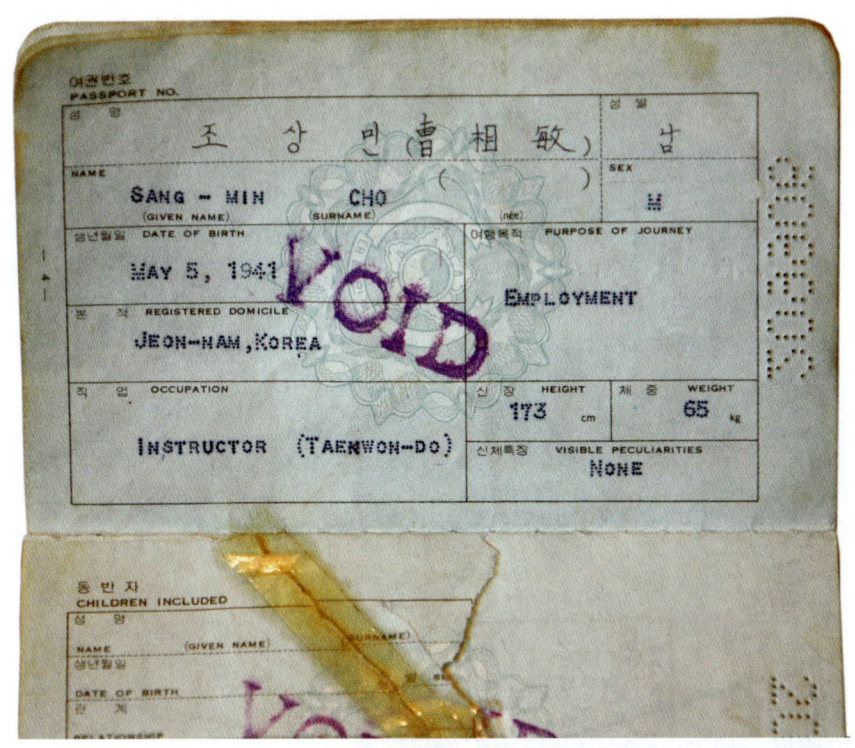

Passaporte utilizado por Sang Min Cho para vir ao Brasil e introduzir a arte marcial coreana. Foi o primeiro passaporte no mundo a ser emitido com a designação de "Instrutor de Taekwondo" para o seu portador.

Como o general havia estado no Brasil pouco tempo antes, e sabia do grande potencial do Taekwondo em nosso país, decidiu que o melhor seria enviar Sang Min Cho o mais rápido possível. Segundo mestre Cho, o general Choi, depois de sua visita ao Brasil, por volta de 1967 ou 1968, já havia recebido a sugestão do governo coreano para criar um intercâmbio e divulgar o Taekwondo no país, o que não havia acontecido até então. Essa seria a justificativa que o general precisava para enviar Sang Min Cho para o Brasil, inclusive com as despesas pagas pelo governo sul-coreano.

A urgência para que Sang Min Cho saísse do país era grande. Além da preocupação com uma possível retaliação pelo incidente da briga, havia uma nova lei na Coreia do Sul que proibia às pessoas fichadas na polícia deixarem o país. Para conseguir a saída do mestre Cho da Coreia, o general Choi precisou contar com o auxílio do serviço de inteligência coreano (KCIA) que ainda o apoiava. Com isso, reverteu o problema relacionado à ficha criminal e ainda facilitou os trâmites da documentação necessária para a viagem.

Capa da primeira revista de Taekwondo do mundo, publicada na Coreia, pela ITF, em janeiro de 1969. Além da produção de um livro de defesa pessoal, mestre Cho auxiliou o general Choi na publicação desta revista histórica. Na foto, Sang Min Cho executa um chute no ar, simultaneamente em dois oponentes. O da direita é o mestre Kun Joon Kwon.

Mesmo sem o consentimento formal de Sang Min Cho, o general Choi mandou preparar os documentos necessários, incluindo um passaporte diplomático com uma característica única até então: o carimbo de "Instrutor de Taekwondo". Nenhum outro mestre enviado para outros países pela ITF, com a mesma finalidade, havia recebido esse tipo de tratamento.

Por esta razão, Sang Min Cho é conhecido como o primeiro mestre a deixar a Coreia do Sul oficialmente como Instrutor de Taekwondo.

Mestre Cho com seu cunhado, mestre Kun Joon Kwon. Coreia, 1968.

Ele mesmo afirma que, se não fosse pelo incidente da briga, ou qualquer outro tipo de perseguição política mais feroz, não teria sido enviado pelo general Choi para fora da Coreia. O general ainda estava muito envolvido na pesquisa para o desenvolvimento do Taekwondo e precisava do mestre Cho para comandar e coordenar a preparação dos mestres internacionais.

Pouco antes da sua mudança para o Brasil, Sang Min Cho ainda conseguiu finalizar uma última tarefa para o general Choi: auxiliá-lo na produção de um livro sobre técnicas de defesa pessoal (*hoshinsul*).

Nesse período, mestre Cho foi instrutor de Taekwondo do HID, um grupo de elite do exército sul-coreano, cujos integrantes eram treinados para atuar como espiões na "guerra fria" contra a Coreia do Norte. O centro de treinamento dessa unidade especial ficava em Sok Cho, uma cidade turística que, na época, era um dos locais preferidos pelas forças armadas, pois havia montanhas e praias, o que possibilitava treinamentos militares nas condições mais adversas.

Em 1972, enquanto estava na Malásia, o general Choi perdeu o cargo de presidente da Korea Taekwondo Association (KTA), em razão de manobras políticas. A KTA passou a ser presidida por Un Young Kim, que no ano seguinte viria a criar, com o apoio do governo coreano, a World Taekwondo Federation. Kim foi o primeiro presidente dessa associação e se manteve no cargo até o ano de 2004.

Nas palavras do mestre Cho, "Un Yong Kim, no início da WTF, comandava a entidade como um verdadeiro ditador, assim como o presidente Chung Hee Park fazia com a Coreia". O objetivo dessa nova entidade era enfraquecer a ITF do general Choi e transformar a WTF na única entidade aceita pelo governo coreano, ou seja, era uma forma de acabar com as pretensões políticas do general Choi em relação à ITF.

Nessa época, o general foi chamado da Malásia para receber outra nomeação como diplomata, dessa vez para a China. Ao tomar conhecimento de sua transferência, o general Choi decidiu não mais voltar para a Coreia. Com a criação da WTF e completamente sem apoio, ele não viu alternativa a não ser um exílio voluntário, além da mudança da sede da ITF para outro país.

Daí em diante, a ITF deixou de ser reconhecida pelo governo sul-coreano e o general Choi Hong Hi passou a ser considerado um traidor na Coreia, e rotulado de comunista, pelo fato de insistir com o governo para que fosse feita uma reaproximação com a Coreia do

Norte. Naquela época, qualquer tipo de proximidade com um país comunista era uma das piores traições que alguém poderia cometer.

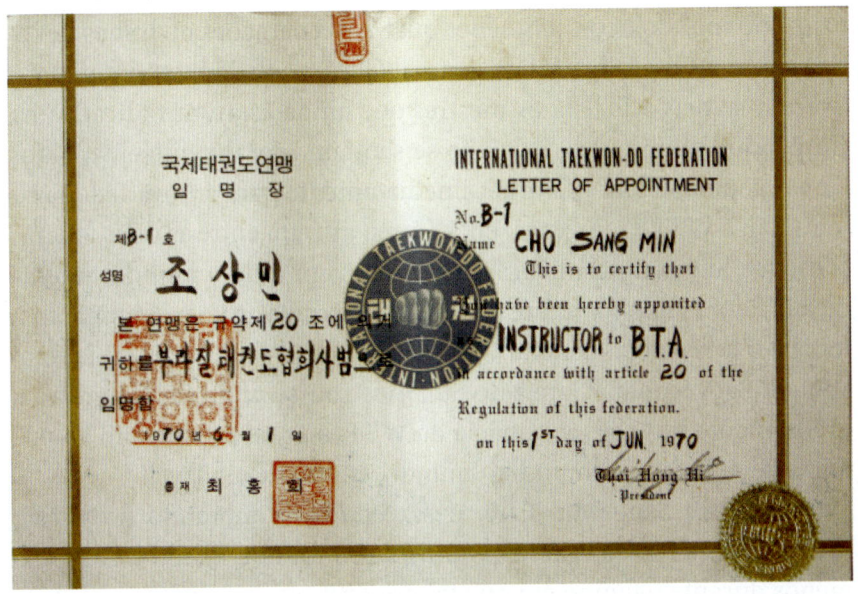

Certificado de Sang Min Cho como instrutor para uma futura Associação Brasileira de Taekwondo, emitido em 1º de junho de 1970, pouco antes da sua mudança para o Brasil.

O período histórico durante o qual o general Choi foi acusado de comunista era peculiar para esse tipo de incidente, pois havia uma verdadeira "caça aos comunistas" em todo o mundo ocidental, especialmente nos países sob a influência direta dos Estados Unidos, como a Coreia do Sul, que ainda tinha a recente memória de uma batalha sangrenta travada, havia poucos anos, contra forças inimigas de orientação comunista. Esse tipo de traição era visto de forma ainda mais hedionda no país. Até mesmo dos livros de História, o nome do general Choi seria removido ou, literalmente, riscado.

A partir de então, o general mudou a sede da ITF para o Canadá, passando a viver e trabalhar em Toronto.

Com a mudança da ITF e a criação da World Taekwondo Federation (WTF) pelo governo da Coreia do Sul, passaram a existir no mundo duas linhas distintas de Taekwondo. Com isso, a grande maioria dos mestres coreanos que estava vivendo nos mais diversos países do mundo ficou sem saber qual das federações ou linhas deveria seguir. Os mais ligados ao general Choi, naquele momento, mantiveram-se fiéis à ITF. Já os mestres que ainda estavam radicados na Coreia do Sul ou outros que não se sentiam moralmente envolvidos com o general Choi, passaram imediatamente para a nova federação mundial, a WTF. Começava, então, uma disputa entre as duas federações, que lutavam pela filiação de mestres em todo o mundo. Apesar de a ITF ter "saído na frente", por ter sido criada antes e contar com a força e o carisma do general Choi Hong Hi, a WTF, que recebia total apoio do governo da Coreia do Sul, mostrou-se muito mais agressiva e, em poucos anos, a supremacia da WTF, no que diz respeito ao número de praticantes em todo o mundo, era inquestionável.

O mestre Sang Min Cho, nessa época, já morando no Brasil, manteve-se fiel ao seu mestre e amigo e continuou filiado à ITF, pelo menos durante o tempo em que foi possível.

O período após a criação da WTF e da divisão do Taekwondo seria um dos piores da vida de Sang Min Cho, que passaria a enfrentar as mais difíceis provações, tanto em sua vida pessoal, quanto na profissional. A parte mais difícil seria a pressão que passaria a receber para abandonar a ITF do general Choi e se filiar à nova entidade criada pelo governo da Coreia do Sul, a World Taekwondo Federation (WTF) do então presidente Un Yong Kim.

> Mesmo sem o consentimento formal de Sang Min Cho, o general Choi mandou preparar os documentos necessários, incluindo um passaporte diplomático com característica única até então: o carimbo de 'Instrutor de Taekwondo'.

5

O Brasil

QUANDO SANG MIN CHO RECEBEU a notícia de que deveria se mudar para o Brasil, ficou surpreso e preocupado ao mesmo tempo. Não sabia quase nada sobre esse distante país. Já tinha ouvido falar de Pelé, um famoso jogador de futebol, sabia que o clima no Brasil era quente o ano todo e que havia uma festa popular famosa, o carnaval. Além disso, não sabia mais nada.

Mestre Cho estava ensinando um aluno na cidade de Sok Cho, local de treinamento do grupo de espionagem conhecido como HID. "Brasil? Onde fica isso?", indagou surpreso ao receber a informação de sua esposa, Bo Sun Kim. A conversa com o general Choi, pessoalmente, só ocorreria no dia seguinte.

Para o mestre, a América do Sul era uma parte do mundo pela qual ele nunca havia se interessado. Não sabia exatamente onde era o Brasil, seu tamanho, população etc. Também não conhecia nada a respeito da Argentina, Chile ou qualquer outro país latino americano. Seria uma mudança "no escuro".

Até aquela época, só havia mestres de Taekwondo da ITF em poucos países do mundo, como Estados Unidos, Canadá, Malásia, Hong Kong e Vietnã, entre outros países asiáticos. O melhor destino, para o qual a maioria dos mestres gostaria de ir, eram os Estados Unidos. Mas o general Choi achava mais importante difundir o Taekwondo para o maior número possível de países e, em especial, aqueles com grande população e potencial para a prática dessa arte marcial.

Bo Sun Kim (que passou a assinar Bo Sun Cho) com suas três filhas Hion A Cho (Mariza), Hion Kiung Cho (Suzana) e Mi Chung (Adriana). Foto tirada na Coreia, antes da mudança para o Brasil.

Sang Min Cho deixou a Coreia do Sul no dia 21 de junho de 1970. A viagem, planejada e realizada de última hora, não permitiu sequer que ele se despedisse da própria mãe.

Para um cidadão coreano daquela época, era um grande privilégio viajar de avião. O mais comum eram as longas viagens de navio, em razão do alto custo das passagens aéreas.

A Coreia do Sul ainda passava por uma grande crise econômica, com altas taxas de mortalidade infantil, pobreza e criminalidade. Era um período difícil, e quem conseguia alguma oportunidade fora da Coreia, não deixava de aproveitar. O destino principal eram os Estados Unidos, entretanto, o Brasil passou a ser uma opção interessante para os imigrantes coreanos, especialmente São Paulo, cidade cuja colônia coreana não parava de crescer.

A viagem do mestre Sang Min Cho foi custeada e autorizada pelo próprio governo coreano, por se tratar de uma viagem de caráter diplomático. O voo fez escalas nos Estados Unidos e no Peru, antes de chegar ao Brasil.

Sang Min Cho viajou sozinho. Sua família não tinha passaportes nem autorização para deixar a Coreia, e permaneceu no país. Somente dois anos depois, sua esposa, Bo Sun Kim, e suas três filhas Hion A, Hion Kiung e Mi Chung, que adotaram os nomes de Mariza, Suzana e Adriana, respectivamente, puderam juntar-se ao mestre.

O passaporte diplomático com o visto de permanência obrigava Sang Min Cho a retornar para a Coreia em quatro anos, no máximo. Era uma autorização de estadia que o impedia de tentar um visto permanente. Como o plano era, em princípio, estabelecer-se definitivamente, ele teria quatro anos para resolver essa situação. Enquanto isso aproveitaria as eventuais regalias que o seu passaporte oferecia.

Ao chegar ao Aeroporto de Congonhas, em São Paulo (o aeroporto internacional de Guarulhos ainda não havia sido construído na época), não havia ninguém da embaixada coreana do Rio de Janeiro esperando, conforme combinado, pois o voo chegou à 1h30 da manhã, com muito atraso.

Sozinho e sem falar uma palavra de português, Sang Min Cho pediu ajuda a um funcionário do aeroporto, um descendente de japoneses chamado Nakano. A comunicação aconteceu graças ao pouco inglês que mestre Cho conhecia.

Sang Min Cho mostrou a Nakano um papel com o endereço para onde deveria ir. Seu destino era a cidade de Jundiaí, interior de São Paulo, bem próxima à capital paulista. Lá, mestre Cho encontraria abrigo na casa de um parente do general Choi que vivia no Brasil há alguns anos.

Nakano, compreendendo o problema, aconselhou-o a passar a noite em São Paulo e seguir para Jundiaí no dia seguinte. Mas mestre Cho estava decidido a chegar ao seu destino o mais rápido possível e insistiu para que Nakano o ajudasse.

O prestativo funcionário, então, o conduziu até um táxi e explicou ao motorista onde deveria levar o passageiro. Como já era madrugada, o taxista impôs uma tarifa fixa de vinte dólares. Com pouca roupa em uma mala e apenas cem dólares no bolso, mestre Cho partiu para Jundiaí, esperando encontrar o mais rápido possível os coreanos que deveriam auxiliá-lo.

O táxi chegou a Jundiaí às 4h30 da manhã. Na casa da família coreana, para surpresa de Sang Min Cho, as luzes estavam acesas. Ele tocou a campainha e foi prontamente recebido pelo parente do general Choi, a quem mestre Cho se refere apenas como Lee.

Lee tinha ido à capital para assistir ao jogo de basquete da equipe feminina da Coreia do Sul, e acabava de chegar. Com o tempo, eles se tornaram próximos e, através dele, mestre Cho fez seus primeiros contatos com os coreanos em São Paulo.

Como era proprietário de uma empresa que fornecia peças para a fábrica da Volkswagen, Lee acabou conhecendo outros empresários coreanos e mantinha bons relacionamentos na colônia.

A estadia de mestre Cho em Jundiaí foi rápida. O objetivo era morar em São Paulo, uma cidade grande, com uma colônia coreana bem numerosa. Como não conhecia ninguém na capital paulista que pudesse hospedá-lo, acabou sendo convidado a morar, provisoriamente, no centro cultural Brasil-Coreia, mantido pela colônia coreana. Ficou lá até ter condições de alugar sua primeira residência fixa no Brasil.

Por intermédio de Lee, Sang Min Cho teve a oportunidade de conhecer a fábrica da Volkswagen, em São Bernardo do Campo, e ficou muito impressionado com as instalações, especialmente com a informação de que aquela fábrica produzia mil automóveis por dia.

No início, a adaptação foi muito difícil. Tudo que fazia longe da colônia coreana era penoso, pois havia a barreira quase "instransponível" do idioma. Além disso, Sang Min Cho achou tudo muito diferente da Coreia. Não havia muitos pontos de referência para ele aqui.

Depois de ouvir um pouco sobre o Brasil, andar nas ruas e conhecer lugares e pessoas, mesmo com a barreira da língua, Sang Min Cho acabou por criar sua primeira imagem do país. Ele já estava no Brasil durante a Copa do Mundo de Futebol e pôde acompanhar a euforia que a conquista do tri campeonato causou no povo. Sentia um grande entusiasmo nas ruas, mesmo sob o regime de ditadura militar. Aprendeu um pouco sobre o carnaval, o samba e o modo de vida dos brasileiros.

Com isso, acabou percebendo que o Brasil era uma grande mistura de samba, Pelé, futebol, carnaval e desorganização. Sim, um país muito desorganizado, mesmo para os padrões de alguém que acabara de chegar de um lugar assolado por ocupações, guerras e fome. Aliás, ele se refere ao Brasil daquele tempo como um "cenário de pós-guerra". A euforia do povo e a desorganização o faziam lembrar da Coreia logo após o fim da guerra. Essa semelhança fazia Sang Min Cho sentir ainda mais saudade de seu país, da família e dos amigos.

Para piorar a sua situação inicial, Sang Min Cho só havia trazido roupas leves, de verão, pois soube, na Coreia, que aqui era um país de matas e florestas, com clima quente o ano todo. Como chegou em pleno inverno, sentia tanto frio depois do entardecer que passou a ter medo das noites. Nas manhãs de sol, acordava o mais rápido possível para sair e procurar um lugar para se aquecer. Assim que pôde, comprou roupas e casacos mais adequados às condições climáticas de São Paulo.

Mestre Cho ficou tão desanimado nesse início de estadia no Brasil que chegou a escrever uma carta para o general Choi Hong Hi, pedindo para ser enviado aos Estados Unidos. Ele sabia que as condições de vida seriam melhores, além de conhecer vários coreanos que haviam emigrado para aquele país.

Entretanto, o general respondeu dizendo que ele deveria perseverar e ter um espírito mais forte. Informou ainda que o Caratê Kyokushin e o Caratê de Okinawa estavam no Brasil havia uma década, e que o

Taekwondo precisava de um grande mestre para superar as conquistas do Caratê em menos tempo. Com essas afirmações, Sang Min Cho acabou assumindo plenamente o papel determinado pelo general Choi Hog Hi.

Sang Min Cho se integrou rapidamente à colônia coreana em São Paulo, mas precisou enfrentar um problema que poderia ter arruinado todos os seus esforços no Brasil. Na colônia, havia duas lideranças em atrito na época. Por essa razão, surgiram boatos de que um dos grupos teria trazido o mestre Cho da Coreia com o intuito de ajudar a combater o rival. Para desmentir a história, ele pediu a colaboração de membros da embaixada coreana, e assim, ficou com o caminho livre para divulgar o Taekwondo no país.

Mestre Cho com seus alunos na Academia Liberdade — 1971.

No dia 8 de agosto de 1970, quase dois meses após a sua chegada, foi inaugurada a primeira academia oficial de Taekwondo do Brasil, no bairro da Liberdade, em São Paulo, com o apoio da colônia coreana. Nessa época, mestre Cho já contava com 50 alunos, todos coreanos, na maior parte adolescentes, que ouviram falar da sua presença em São Paulo através de suas famílias. Foi um prestígio muito bem-vindo que a colônia coreana ofereceu a Sang Min Cho.

Mestre Cho viveu um dilema cultural ao começar a ensinar o Taekwondo no Brasil. Na Coreia, a disciplina adotada nas academias (*dojang*) era militar. A forma de ensino era rigorosa, o treinamento era feito como se os praticantes estivessem se preparando para a guerra, e havia punições — muitas vezes físicas — para os alunos displicentes. A preocupação de Sang Min Cho era muito pertinente: os brasileiros gostariam, ou aceitariam, treinar nessas condições?

No início, por ter apenas alunos coreanos, mestre Cho manteve os princípios das aulas da Coreia, sabendo que contaria com o respeito e a colaboração dos alunos e dos pais. Quando os primeiros brasileiros começaram a frequentar a Academia Liberdade, Sang Min Cho continuou mantendo o treino forçado e a disciplina militar. Entretanto, percebeu que deveria ser mais flexível, gradativamente, para atrair um público maior e conquistar os brasileiros. Mesmo assim, ele nunca abandonou a disciplina e os valores do Taekwondo como arte marcial.

A inauguração da academia conferiu credibilidade ao mestre coreano, que passou a ter uma posição de destaque dentro da colônia. Entretanto, durante um evento, ele foi questionado publicamente por um membro da colônia, que soube que mestre Cho tinha sido fichado na polícia da Coreia e, sendo assim, "algum tipo de marginal", não seria digno de fazer parte da colônia coreana paulistana. O relato era parcialmente verdadeiro. Referia-se à briga na qual mestre Cho

Logotipo da Academia Liberdade, primeira academia de Sang Min Cho no Brasil e a primeira no País. O nome dado inicialmente foi Academia Brasileira de Taekwondo.

havia se envolvido, por causa da perseguição política ao general Choi e a todos que o apoiavam.

A situação foi constrangedora. Naquele momento, Sang Min Cho, analisando as possibilidades, concluiu que seria muito difícil, ou até mesmo impossível, espalhar a semente do Taekwondo no Brasil, como o general Choi esperava, se a colônia coreana deixasse de apoiá-lo. Por isso, em reação à necessidade do momento, Sang Min Cho perguntou ao seu interlocutor como poderia um marginal, com ficha na polícia da Coreia, ter deixado o país com as despesas de viagem pagas pelo próprio governo e com um passaporte especial carimbado com a designação de "Instrutor de Taekwondo". Como ninguém sabia dos detalhes de como o general Choi intercedeu para que essa situação fosse possível, a resposta de Sang Min Cho foi tida como satisfatória, e sua reputação dentro da colônia não foi abalada.

Com o tempo, a Academia Liberdade tornou-se um lugar histórico, um marco, pois foi onde Sang Min Cho começou a divulgação do Taekwondo coreano no Brasil — em poucos anos, esta se tornaria uma das artes marciais mais praticadas em todo o país. A academia acabou sendo o primeiro endereço fixo de Sang Min Cho, sua primeira "casa", depois de deixar o centro cultural da colônia coreana. Por ter sido a primeira academia do Brasil, com os quatro mestres da família, Sang Min Cho, Kun Joon Kwon, Yeo Jun Kim e Yeo Jin Kim, a Academia Liberdade se tornou a maior do país em número de alunos, tendo alcançado a marca de mais de 1.200 alunos ativos no início da década de 1990.

Segundo mestre Cho, logo que chegou ao Brasil ele percebeu uma característica negativa em relação à colônia coreana. Os brasileiros não levavam os coreanos muito a sério, talvez pelo pouco contato com sua língua e cultura, e isso poderia se tornar um empecilho para uma boa divulgação da arte marcial coreana. Desse modo, o Taekwondo não seria tão admirado como o Judô ou o Caratê japoneses.

Contudo, Sang Min Cho tinha vindo ao Brasil com o propósito de divulgar o Taekwondo coreano e, mesmo com essas barreiras, não desistiu. Aos poucos, foi aprendendo a falar a nossa língua. Sem entrar em uma escola, decidiu que aprenderia o português da mesma forma que uma criança aprende sua língua materna. Suas primeiras palavras foram: "Está bom?", "Tudo bem", "Obrigado" e "Por favor". Ele dizia que, para aprender o português, o mais importante era ter muita paciência.

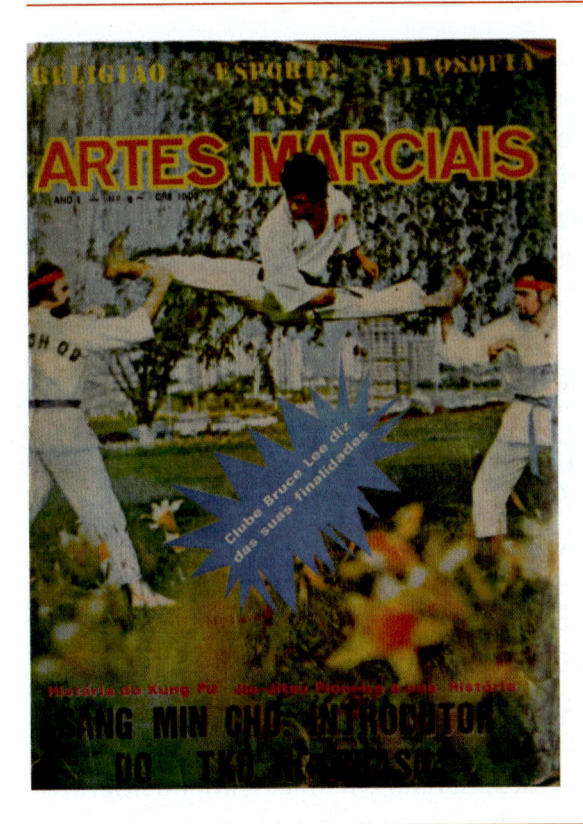

Mestre Sang Min Cho foi tema de matéria em diversas revistas sobre artes marciais no Brasil, no decorrer das décadas de 1970 e 1980.

Mestre Cho conversou com muitos coreanos que moravam há mais tempo no país, para entender um pouco mais sobre o Brasil e os brasileiros, e estudar a melhor forma de divulgar o Taekwondo. Muitos coreanos o advertiam para não usar o nome Taekwondo, pois era uma palavra desconhecida e um tanto difícil de se pronunciar. A melhor saída seria usar um nome comercial, mais atrativo para o público brasileiro. O mais sugerido era "Caratê Coreano".

Yong Man Kim era um imigrante coreano que morava no Brasil já há algum tempo, chegando a servir, inclusive, de intérprete para mestre Cho na sua chegada ao país. Ele insistia que conhecia melhor os brasileiros e tinha certeza de que o nome Taekwondo não funcionaria por aqui, e que o ideal seria mesmo "Caratê Coreano", pois chamaria mais a atenção.

Mestre Cho recusou veementemente a proposta e colocou o nome "Taekwondo" bem grande na placa da Academia Liberdade. Foi a partir daí que muitos brasileiros tiveram o seu primeiro contato com o nome da arte marcial coreana.

Se optasse pelo nome "Caratê Coreano", mestre Cho possivelmente teria tido mais alunos no início, mas, certamente, seu objetivo seria desvirtuado. Ele estaria difundindo ainda mais o Caratê, mantendo o Taekwondo coreano relegado apenas à colônia coreana. O esforço e a insistência em divulgar o nome da arte marcial coreana fizeram com que, poucos anos depois, o Taekwondo tivesse sua primeira menção em uma enciclopédia brasileira, a Enciclopédia Mirador. Nela, Sang Min Cho teve a honra de ser referido como o introdutor da arte marcial no Brasil. Ser mencionado em uma enciclopédia naquela época — sem internet nem Google —, era a maior e melhor forma de ser reconhecido pelo grande público. Esse fato foi um dos momentos mais importantes e felizes de sua vida. Na cultura coreana, o nome de uma pessoa é a referência mais importante que ela tem como ser humano. Por isso, saber que deixaria uma marca no mundo e que seu nome seria lembrado era uma honra imensurável. Na Coreia, há um ditado que diz: "Um tigre quando morre, deixa sua pele, um homem quando morre, deixa seu nome". Isso significa que o nome de uma pessoa é o seu bem mais importante, e Sang Min Cho havia deixado o seu marcado para sempre. Por tudo que passou, o mestre se sentiu recompensado pelo seu esforço e perseverança.

Dois ou três meses após a inauguração da Academia Liberdade, um membro da colônia coreana em São Paulo, Jung Hwang Cho, que falava bem o português e já conhecia muitos brasileiros, fez um bom trabalho de *lobby* com uma pessoa ligada à prefeitura de São Bernardo do Campo, cidade do ABC paulista que faz parte da Grande São Paulo.

O objetivo era viabilizar uma demonstração pública de Taekwondo na cidade. O evento foi realizado com sucesso, e rendeu uma matéria no jornal *Diário Popular*, de grande circulação na época. A partir daí, a Academia Liberdade passou a receber seus primeiros alunos brasileiros. Com o sucesso da publicação no *Diário Popular*, outras matérias e reportagens começaram a surgir em outros veículos da mídia paulista, como o jornal *Gazeta Esportiva*, entre outros.

Mestre Sang Min Cho executando um chute lateral com salto (*timio yop tchagui*). Academia Liberdade, final de 1971.

Foram diversas demonstrações e entrevistas que Sang Min Cho concedeu à imprensa paulista e brasileira em geral. Programas de TV, revistas e jornais contribuíram para uma ótima divulgação da arte marcial coreana, ainda desconhecida no Brasil.

As demonstrações para grandes plateias, especialmente nas escolas, também fizeram parte da estratégia de divulgação da arte marcial no Brasil. As crianças e os adolescentes ficavam fascinados com a destreza, velocidade e plasticidade dos movimentos de Sang Min Cho e de seus alunos.

O que mais surpreendia eram os chutes "voadores", que o mestre coreano dava com grande velocidade e precisão, e sempre culminavam com uma tábua ou telha sendo quebradas de forma impressionante.

Devido à fama dos potentes chutes que os praticantes e, em especial, os mestres de Taekwondo conseguiam realizar, a arte marcial coreana começava a ser conhecida no Brasil como "a luta dos homens voadores" ou ainda, segundo alguns jornais da época, "a luta dos demônios voadores".

Muitas pessoas indagavam ao mestre Cho se as telhas e madeiras eram "previamente preparadas" para serem quebradas, ou seja, se já estavam semiquebradas antes de receberem o impacto de um "chute voador". Para a plateia, desacostumada a esse tipo de luta, parecia difícil acreditar, mesmo vendo com os próprios olhos.

Boa parte do público de artes marciais no Brasil estava habituada a ver demonstrações de Caratê ou Judô realizadas por mestres e alunos, mas nestas lutas não são praticados chutes com saltos. As demonstrações de quebramentos com as mãos, normalmente de grandes pilhas de telhas ou tijolos, mostravam ao público a força que pode ser despertada em qualquer pessoa que tenha o treinamento correto.

Sempre que perguntavam para o mestre Sang Min Cho o que era o Taekwondo, ele respondia "o Taekwondo é uma arte marcial coreana", mantendo-se fiel a sua estratégia de divulgação. Essa era a definição que ele queria difundir no Brasil, especialmente com o intuito de posicionar o caráter nacionalista ligado a esta arte marcial.

Muitos mestres coreanos, mesmo anos depois, continuaram seguindo a orientação de Sang Min Cho, reforçando para o público a definição de Taekwondo como "arte marcial coreana".

Outro motivo importante para justificar tal definição era o fato de que, no Brasil, as artes marciais mais praticadas eram de origem japonesa. Em São Paulo, a generalização da origem de todos os orientais como "japoneses" era muito comum, e Sang Min Cho não queria que o Taekwondo também fosse tomado por uma luta japonesa.

Matéria na revista *Veja*, de 21 de março de 1973, sobre o mestre Sang Min Cho e o Taekwondo no Brasil. Uma das primeiras publicações sobre o assunto em um veículo de alcance nacional.

Em fevereiro de 1973, menos de três anos após sua chegada ao Brasil, mestre Cho já conseguia proporcionar ao Taekwondo uma projeção nacional, ao ser tema de uma matéria publicada na revista *Veja*. A reportagem avaliava a ainda pequena presença do Taekwondo no país, apontando que existiam, no Brasil, apenas oito academias em funcionamento: três no estado de São Paulo, três no estado do Paraná, uma no estado de Pernambuco e outra no Rio de Janeiro. Em São Paulo, estimava a revista, havia cerca de 700 praticantes da arte marcial coreana.

Além da revista *Veja*, outros meios de comunicação de alcance nacional foram cruciais para a divulgação e o crescimento do Taekwondo no Brasil. Para se ter uma ideia da sua grandeza, esta arte marcial possui atualmente, no Brasil, mais de 500 mil praticantes diretamente ligados à WTF. Em 1973, ainda no comando da Academia Liberdade de Taekwondo, mestre Sang Min Cho recebeu a histórica visita do general Choi Hong Hi. Ele veio ao Brasil especialmente para reforçar os laços com o mestre Cho e com outros mestres coreanos em atividade no país. Antes, porém, o general havia passado pela Bolívia, país no qual o Taekwondo foi introduzido pelas mãos de mestres ligados à ITF.

Visita do general Choi Hong Hi ao Brasil, Academia Liberdade, São Paulo-SP, 1973. Marcados com os números: 1- mestre Kun Joon Kwon; 3- mestre Sang Min Cho; 4- general Choi Hong Hi; 5- mestre Gun Mo Bang; 6- mestre Sang In Kim; 7- mestre Hui Sub Lee.

Na época, estava em curso uma grande disputa entre a ITF, do general Choi, e a WTF, da Coreia do Sul, pela filiação dos mestres internacionais de Taekwondo. Até aquele momento, a ITF ainda tinha grande expressão e participação no cenário mundial do Taekwondo, mas a força da recém-criada WTF seria decisiva e esmagadora para as pretensões do general Choi.

Antes da vinda de Choi Hong Hi, mestre Cho soube que a entrada do general coreano no Brasil fora proibida. O motivo seria seu recente rompimento com a Coreia do Sul. Suas declarações contra o então presidente sul-coreano, Chung Hee Park e, especialmente, o fato de ter sido rotulado como comunista pelo governo sul-coreano, contribuíram para que o seu visto de entrada como turista fosse negado pelo governo brasileiro. Mas, através dos contatos de Sang Min Cho com a Polícia e os militares brasileiros, a entrada do general foi permitida. Ele foi liberado para entrar no país com um visto provisório de apenas quinze dias, porém, o suficiente para cumprir seus compromissos em solo brasileiro.

General Choi Hong Hi visita a Academia Liberdade, em 1973. Em pé, da direita para a esquerda, mestre Kun Joon Kwon, mestre Sang Min Cho e o general Choi (último à esquerda).

O governo coreano, através do consulado, pediu a Sang Min Cho que não recebesse o general Choi Hong Hi no Brasil, alegando que ele era considerado um comunista, e declaradamente contrário ao governo do presidente Park. Entretanto, mestre Cho acreditava que, para ele ou qualquer outro divulgador do Taekwondo no mundo, seria uma honra receber o general Choi.

A iniciativa de Sang Min Cho em acolher a visita de Choi Hong Hi foi totalmente reprovada pelas autoridades da Coreia do Sul no Brasil, gerando alguns problemas para mestre Cho. Durante a visita do general coreano, ambos passaram por uma situação constrangedora e desagradável.

Mestre Sang Min Cho demonstrando um soco direto frontal (*jutchum sô montong tirigui*), em 1972. Imagem usada, na época, em folhetos e outros materiais promocionais da Academia Liberdade.

Durante um almoço num restaurante em São Paulo, mestre Sang Min Cho e o general Choi encontraram o cônsul da Coreia. Houve uma discussão, na qual Sang Min Cho se posicionou ostensivamente do lado do general. A partir desse momento, mestre Cho passou a ser monitorado e perseguido de diversas maneiras pelo consulado e pela embaixada da Coreia, que fizeram contatos diretos com outros mestres coreanos, em uma tentativa de isolar Sang Min Cho, enfraquecendo, desta forma, a influência do general Choi e da ITF no Brasil. Um dos mestres que insistiu em permanecer ao lado de Sang Min Cho foi rotulado de comunista e também passou a ser perseguido pelas autoridades coreanas no Brasil.

Depois do incidente com o general Choi no Brasil, a KCIA, agência de inteligência do governo sul-coreano, passou a vasculhar a vida do mestre Cho e de pessoas ligadas a ele, procurando informações que pudessem comprometer ou manchar a sua reputação.

A embaixada coreana, em uma manobra para tentar enfraquecer Sang Min Cho na comunidade brasileira, entrou em contato com o DOPS, tentando convencer o comando do influente departamento a substituir Sang Min Cho por outro instrutor, um mestre de confiança do governo coreano.

A tentativa foi frustrada pelas autoridades brasileiras que preferiram continuar com Sang Min Cho. Depois do incidente, mestre Cho procurou o embaixador coreano e o mestre que seria indicado para substituí-lo, contou que sabia da trama, expressou sua indignação e disse que a tentativa frustrada era, no mínimo, uma grande falta de ética. Os dois se desculparam com Sang Min Cho, mas o "arrependimento" era totalmente falso, pois a perseguição e as tentativas de desmoralizar o mestre coreano continuaram.

Diante dessa guerra de nervos, mestre Cho sentiu que suas convicções estavam sendo abaladas, como se sua mente estivesse sendo "corroída". Entretanto, determinado, enfrentou, na medida do possível, as pressões sofridas. Chegou a pensar em desistir do Taekwondo, mas manteve-se firme em razão dos contratos e obrigações firmados com a Polícia e com o DOPS.

Na segunda metade da década de 1970, graças aos muitos contatos já feitos no Brasil, Sang Min Cho intensificou a divulgação da arte marcial coreana. Algumas demonstrações de Taekwondo foram cruciais para que a modalidade fosse amplamente difundida. Entre elas, mestre Cho destaca uma demonstração realizada em São Paulo, no Círculo Militar — clube de esportes das forças armadas —, em parceria com o mestre de Hapkido, Sun Jae Park.

Outra demonstração também considerada muito importante para mestre Cho foi realizada no Ilha Porchat Clube, em São Vicente, cidade vizinha a Santos, no estado de São Paulo. Com essa demonstração, alguns alunos de Sang Min Cho passaram a dar aula no clube, e as primeiras academias prosperaram. Mestre Cho, no entanto, só lecionava nos finais de semana, ocasiões em que as aulas ficavam sempre lotadas.

Mestre Cho no programa de grande audiência *Clube dos Artistas*, da extinta TV Tupi, apresentado pelo casal Airton e Lolita Rodrigues no início da década de 1970.

Essa demonstração, segundo mestre Cho, marcou definitivamente o desenvolvimento do Taekwondo na baixada santista, que passou a contar com um grande número de praticantes na região e um bom nível de organização, mantido até os dias de hoje.

Os programas de televisão também foram cruciais para o crescimento do Taekwondo no Brasil, especialmente em São Paulo. Vale lembrar que, na década de 1970, a televisão no Brasil ainda não tinha abrangência nacional; os programas ao vivo eram, basicamente, produções regionais. Desta forma, a maioria das entrevistas concedidas e das demonstrações realizadas ficou restrita à audiência paulista. Mesmo assim, o alcance total da TV era imensamente superior ao da mídia impressa.

No início da década de 1980, mestre Sang Min Cho já contava com várias academias em operação, entre elas, a de Santa Cecília, bairro vizinho a Higienópolis, na cidade de São Paulo, a de Santos, no litoral paulista e a de Bragança Paulista, situada a menos de 100 km da capital. Além destas, também havia academias Cho nas cidades de Jundiaí e São Vicente. Mestre Cho também era responsável pelas aulas de Taekwondo na Academia de Polícia Militar, no DOPS, no Batalhão de Guarda do governador de São Paulo e em uma universidade de Campinas, cidade próxima à capital. No total, eram quinze locais de treinos sob a responsabilidade de Sang Min Cho.

A Academia Liberdade, na época sob o comando de seu cunhado, mestre Kun Joon Kwon, ainda permanecia ligada diretamente ao seu fundador, Sang Min Cho, o que se manteve até mesmo quando o *dojang* (academia) passou a ser dirigido pelos mestres Yeo Jun Kim e Yeo Jin Kim, sendo que o primeiro ainda permanece no comando da academia pioneira no Brasil.

Mesmo antes de chegar aqui, Sang Min Cho já sabia como administrar uma academia com organização e eficiência. Com o general Choi, obteve valiosas instruções de como proceder para divulgar o Taekwondo. Algumas pessoas tiveram a oportunidade de conviver com mestre Cho e aprender com sua experiência administrativa, como o mestre Yeo Jin Kim, seu cunhado. Ele menciona alguns aspectos importantes sobre a forma de pensar, agir e administrar de Sang Min Cho, e o descreve como uma pessoa de caráter, correto, coerente e que valoriza a disciplina e a hierarquia.

Segundo mestre Yeo Jin, Sang Min Cho sempre foi uma pessoa extremamente organizada. Sem essa organização, a Academia Liberdade nunca teria alcançado a impressionante marca de 1.200 alunos ativos no início dos anos 1990. Administrar eficientemente um número tão grande de alunos só foi possível graças à excelente organização estrutural da academia, desde a sua fundação.

Mestre Cho sempre valorizou extremamente o potencial social do Taekwondo. Mestre Yeo Jin conta que, quando decidiu se desligar da Confederação Brasileira de Taekwondo (CBTKD) para criar uma nova entidade independente, a atual Liga Nacional de Taekwondo, mestre Cho foi contra e tentou dissuadi-lo da empreitada. Isso porque ele não concordava com a divisão de forças que o rompimento causaria no Taekwondo brasileiro. Entretanto, quando percebeu que a decisão do jovem cunhado era irreversível, aconselhou-o a concentrar seus esforços em mestres e professores engajados em projetos sociais. Já que iria se desligar da entidade mais abrangente do Taekwondo nacional, deveria fazer algo diferente, algo que pudesse alcançar e transformar a vida do maior número de pessoas possível.

> Na Coreia, há um ditado que diz: 'Um tigre quando morre, deixa sua pele, um homem quando morre, deixa seu nome'. Isso significa que o nome de uma pessoa é o seu bem mais importante, e Sang Min Cho havia deixado o seu marcado para sempre.

Mestre Cho introduz o Taekwondo na Polícia de São Paulo

POUCO TEMPO DEPOIS DE INAUGURADA a Academia Liberdade, um tenente do Primeiro Batalhão da Tropa de Choque da Polícia Militar do Estado de São Paulo começou a treinar e ficou tão impressionado com o mestre e com o próprio Taekwondo que pediu autorização aos seus superiores para Sang Min Cho fazer uma demonstração e dar um treinamento básico para o seu batalhão. A apresentação causou um forte impacto, surpreendendo aos que assistiam.

Nesse dia, mestre Cho foi apresentado ao coronel Brizola, que o convidou para fazer uma apresentação semelhante para os policiais do extinto e temido DOPS – Departamento de Ordem Política e Social, um órgão do governo militar criado na época da ditadura pós-64. O DOPS servia para investigar, perseguir e prender suspeitos de crimes ideológicos, atividades intelectuais, sociais ou políticas, especialmente de cunho comunista.

Com o sucesso da segunda demonstração, Sang Min Cho foi convidado oficialmente para dar aulas regulares na Academia de Polícia Militar do Estado de São Paulo. O convite para que treinasse os policiais militares paulistas partiu do próprio comando da Polícia Militar.

Ao todo, foram dezoito anos treinando policiais. Da atual cúpula da Polícia Militar paulista, muitos majores e coronéis foram alunos de Sang Min Cho.

Mestre Sang Min Cho com um grupo de alunos do Batalhão de Choque da Polícia Militar de São Paulo. Academia Liberdade, São Paulo-SP, 1971.

O mesmo convite foi feito pela cúpula do DOPS. A partir de então, mestre Cho tornou-se o principal instrutor de artes marciais tanto da Polícia Militar quanto do DOPS. E, graças aos seus contatos no alto escalão do DOPS, Sang Min Cho conseguiu regularizar sua situação no país.

Aborrecido por sentir falta da família, mestre Cho resolveu consultar algumas pessoas do comando do DOPS e foi informado de que não conseguiria trazê-los se não tivesse um visto permanente. Porém, seu passaporte tinha validade temporária, pois se tratava de um documento diplomático, com um visto de trabalho como Instrutor de Taekwondo. O problema, entretanto, foi prontamente resolvido pelo próprio DOPS, em conjunto com a embaixada da Coreia. Ambos atuaram em favor do mestre coreano, para que ele conseguisse obter, em pouco tempo, um visto permanente para estadia no Brasil. Era o que faltava para trazer sua família, o que aconteceu pouco tempo depois.

Aula demonstrativa para oficiais da Academia de Polícia Militar do Estado de São Paulo. Mestre Cho ensinava técnicas mais adequadas às necessidades policiais e às situações extremas que poderiam ocorrer aos oficiais em serviço.

O ensino do Taekwondo para a polícia causou uma verdadeira revolução no treinamento dos militares. Até então, o Judô era a modalidade de luta e defesa pessoal que os policiais militares aprendiam. Com a introdução do Taekwondo, a eficiência das técnicas e a funcionalidade em situações de combate corpo a corpo fizeram com que o comando da PM paulista revisse todo o seu currículo de treinamento. O Judô não foi abolido, porém perdeu grande parte de sua importância para o treinamento físico de soldados e oficiais.

Devido à sua ligação com a KCIA – Korea Central Intelligence Agency, em razão das aulas que dava para os seus agentes, e por influência da força dos contatos do general Choi Hong Hi, antes de vir para o Brasil, mestre Cho recebeu a proposta para ser um informante do serviço de inteligência sul-coreano.

Cerimônia de entrega de faixas para oficiais da Polícia Militar de São Paulo, em março de 1972. Mestre Cho já era o principal instrutor de artes marciais e defesa pessoal da polícia paulista.

Mestre Cho se sentia um "espião", como ele mesmo gosta de dizer, pois deveria fornecer informações regularmente sobre o povo brasileiro, sua cultura, sua política etc. Em troca, receberia uma remuneração mensal de cem dólares. Era um valor relativamente pequeno, mas na época, no início de sua vida no Brasil, ajudou bastante. Além de Sang Min Cho, nenhum dos mestres que vieram ao Brasil, mesmo como instrutores oficiais de Taekwondo, recebeu qualquer tipo de remuneração do governo coreano.

Sang Min Cho não podia comentar com ninguém sobre sua ligação com a inteligência coreana, nem mesmo o cônsul da Coreia ou os funcionários do consulado. Nenhum dos mestres recebeu esse tipo de incumbência ou soube de sua ligação com a KCIA.

Entretanto, quando já lecionava regularmente para a Polícia Militar de São Paulo, os militares brasileiros souberam de sua ligação com o serviço de inteligência sul-coreano através de uma investigação. A descoberta, inicialmente, causou certo constrangimento para Sang Min Cho.

Sang Min Cho é cumprimentado pelo general Braga, após uma demonstração na Academia de Polícia Militar de São Paulo, em 1974.

A princípio, pensaram que o mestre coreano pudesse realmente ser um espião. Afinal, o Brasil estava no auge da ditadura militar e havia um clima geral de desconfiança. Mas foi justamente o fato de o Brasil ser conduzido por uma ditadura militar na época, e a Coreia também ter um governo ditatorial, militar e anticomunista, que Sang Min Cho não foi considerado nenhum tipo de ameaça. Assim, todas as preocupações da cúpula da Polícia Militar de São Paulo acabaram sendo deixadas de lado e o relacionamento entre o mestre Cho e a polícia paulista não foi afetado.

Com os resultados obtidos no treinamento dos policiais militares, Sang Min Cho também foi convidado a dar aulas no Clube dos Oficiais da Polícia Militar de São Paulo.

Durante o governo de Paulo Maluf em São Paulo (1979-1982), mestre Cho deu aulas para o Batalhão da PM do Palácio do Governo e para os policiais militares que cuidavam diretamente da segurança pessoal do governador.

O convite para dar aulas para a Polícia Militar e para o DOPS, tão pouco tempo após a sua chegada ao Brasil, foi a melhor coisa que podia ter acontecido para o mestre Sang Min Cho. O *networking* que essas atividades proporcionaram foi de valor inestimável para o mestre coreano e seu plano de difundir o Taekwondo no país. Através de seus contatos na Polícia Militar paulista e no Exército Brasileiro, muitas portas foram se abrindo, o que possibilitou obter um crescimento rápido em seus negócios e, em especial, na divulgação da arte marcial coreana.

> Devido à sua ligação com a KCIA – Korea Central Intelligence Agency, em razão das aulas que dava para os seus agentes, e por influência da força dos contatos do general Choi Hong Hi, antes de vir para o Brasil, mestre Cho recebeu a proposta para ser um informante do serviço de inteligência sul-coreano.

O panorama das artes marciais no Brasil e no mundo, nas décadas de 1960 e 1970

PARA O MUNDO DAS artes marciais, as décadas de 1960 e 1970 foram especialmente marcantes. Até o início dos anos 1960, o mundo ocidental só conhecia as artes marciais de origem japonesa, em especial, o Judô e o Caratê. O pouco conhecimento vinha dos Estados Unidos, maior potência do mundo ocidental e o país com a maior capacidade de propagação cultural, principalmente pela força de suas produções cinematográficas e dos programas de televisão, que sempre foram os mais assistidos do planeta.

O conhecimento das lutas japonesas que o público ocidental tinha, na época, era devido à ocupação do Japão pelos Estados Unidos, após a vitória na Segunda Guerra Mundial. Durante os anos 1950, os americanos, pela convivência com os japoneses, além de tomarem conhecimento da existência das artes marciais, começaram a adotá-las nas suas forças armadas e, com isso, deram grande prestígio e popularidade às lutas japonesas.

Apesar da proximidade com as lutas japonesas, os americanos ainda desconheciam importantes artes marciais oriundas de outros países asiáticos, como China e Coreia. A China, por ser um gigante fechado para o mundo, não se interessava em divulgar suas artes marciais, mesmo porque o governo comunista tentou, a todo custo, suprimir a prática dessas lutas.

No caso da Coreia, os americanos só tiveram algum contato mais importante com suas artes marciais em meados da década de 1950, após o fim da Guerra da Coreia e do período de reconstrução da Coreia do Sul, patrocinado pelos Estados Unidos.

Apesar da enorme colônia existente nos Estados Unidos, os imigrantes chineses, fiéis às suas milenares tradições, mantinham as artes marciais fora do alcance dos ocidentais. Era um tabu que não poderia ser transposto em hipótese alguma.

Bruce Lee, um dos responsáveis pela divulgação das artes marciais chinesas nos Estados Unidos, quando os chineses ainda consideravam suas lutas um segredo para os ocidentais. Seu sucesso estrondoso no cinema mudou para sempre o conceito das artes marciais no mundo ocidental.

Esse quadro começou a mudar no início dos anos 1960, quando um jovem, filho de chineses, nascido em São Francisco, nos Estados Unidos, porém criado na então colônia britânica de Hong Kong, começou a mostrar ao mundo um pouco das artes marciais chinesas. O impacto no mundo ocidental foi impressionante e ele acabou se tornando um dos mais importantes ícones das artes marciais e do século 20. Seu nome era Lee Jun-fan, mas tornou-se mundialmente conhecido como Bruce Lee.

Bruce Lee foi o principal responsável por mostrar ao mundo ocidental as artes marciais com características muito mais impressionantes do que as japonesas: lutas dinâmicas, plasticamente muito bonitas, especialmente baseadas em chutes quase acrobáticos, mas com potência e precisão de altíssima performance. Para o público ocidental, tomar conhecimento desse tipo de arte marcial e poder praticá-la era como descobrir-se capaz de adquirir superpoderes apenas com a prática regular de técnicas orientais. Esse apelo acabou levando milhões de jovens às academias das mais diversas modalidades de artes marciais.

Nessa mesma época, meados dos anos 1960, nascia oficialmente na Coreia o Taekwondo moderno, com a criação da ITF, sob o comando do general Choi Hong Hi. Ao contrário dos chineses, os sul-coreanos, particularmente o general Choi, estavam interessados em difundir a arte marcial coreana, pois se espelhavam no modelo de sucesso japonês. Eles gostariam de ter uma arte marcial "tipo exportação", que ajudasse a criar uma boa imagem da Coreia no mundo.

No início dos anos 1970, os filmes de Bruce Lee já faziam sucesso no mundo ocidental. Em 1973, ano da sua morte, seu primeiro grande filme produzido nos Estados Unidos teve uma das maiores bilheterias da história e selou, definitivamente, o status do jovem ator e lutador chinês como ícone mundial. Bruce Lee morreu com apenas 33 anos, mas abriu o caminho para uma grande revolução no mundo das artes marciais.

Nesse período, o Taekwondo já começava a ser difundido pelo mundo, e a similaridade com o tipo de luta mostrado nos filmes de Kung Fu ajudava na propagação da arte marcial coreana. Era comum encontrar nas academias de Taekwondo um pôster de Bruce Lee, associando a sua imagem para mostrar que o Taekwondo era uma luta similar àquela praticada pelo ídolo das artes marciais. Até mesmo mestre Sang Min Cho mantinha um pôster de Bruce Lee em sua academia no bairro de Higienópolis. Comercialmente, era uma forma de incentivar novos alunos a conhecer e a treinar o Taekwondo.

Ainda no início dos anos 1970, outro ícone *pop* ajudou a divulgar a arte marcial coreana, graças à sua enorme força na mídia mundial. Elvis Presley, ao treinar com o mestre Kang Rhee, em Memphis, cidade do estado do Tennessee, definitivamente apresentou o Taekwondo aos Estados Unidos. Nessa época, vários mestres coreanos já estavam se esforçando para divulgar o Taekwondo coreano no país.

Elvis Presley com seu mestre de Taekwondo, Kang Rhee, na década de 1970, no Kang Rhee Institute of Taekwondo, no Tennessee, EUA.

Outra contribuição para a divulgação das artes marciais no mundo ocidental foi a série de televisão Kung Fu, que causou grande impacto desde o seu lançamento. A produção americana foi estrelada pelo ator David Caradine no papel de um monge chinês, Kwai Chang Caine, do famoso templo Shaolin, que foi viver nos Estados Unidos na época do velho oeste. A série foi um dos maiores sucessos de audiência da TV americana no ano de 1973, e mostrava vários estilos e técnicas das artes marciais orientais, além de sua filosofia e sabedoria ancestral.

Em maio de mesmo ano, era fundada na Coreia do Sul a World Taekwondo Federation – WTF, até hoje a maior entidade da arte marcial coreana no mundo. Com toda essa efervescência cultural em relação às artes marciais, o Taekwondo parecia ter surgido no mundo ocidental no momento certo.

No final dos anos 1970 e durante toda a década de 1980, Hollywood continuava mostrando cada vez mais filmes de ação com cenas de lutas, muitos chutes, valorizando a estética dos movimentos. Esse tipo de coreografia era facilmente identificável com o Taekwondo, e a arte coreana reunia cada vez mais praticantes. Nesse período, os principais atores/lutadores de Hollywood eram Chuck Norris, que havia sido aluno de Bruce Lee e campeão de Caratê, e Jackie Chan, maior astro chinês desde Bruce Lee, praticante de diversos estilos de Kung Fu, além de Caratê, Taekwondo e Hapkido.

As artes marciais orientais ainda eram pouco difundidas no Brasil nas décadas de 1960 e 1970. Pode-se dizer que apenas o Judô tinha uma grande popularidade. O Caratê, apesar de também ser conhecido, ainda não estava bem permeado na sociedade brasileira. Mas havia uma arte marcial que, curiosamente, era bem conhecida e praticada na cidade do Rio de Janeiro: o Jiu Jitsu Brasileiro ou Grace Jiu Jitsu. Criado no Brasil por

Chuck Norris, ex-campeão mundial de Caratê, ficou famoso por contracenar com Bruce Lee no cinema. Sua carreira como artista marcial contribuiu muito para a popularização das artes marciais nos Estados Unidos e em todo o mundo ocidental, especialmente nas décadas de 1970 e 1980.

Carlos Grace a partir do Jiu Jitsu japonês, esta modalidade foi introduzida no Rio de Janeiro, em 1925, e conquistou grande popularidade.

Além das artes marciais, outra modalidade de luta começava a proliferar nas principais cidades brasileiras: a Capoeira. Apesar de não ser considerada formalmente uma arte marcial, a Capoeira, luta originária da África e praticada no Brasil desde os tempos da escravidão, passou por um período de grande crescimento no país na década de 1970. Como o Taekwondo coreano, a Capoeira é baseada principalmente em chutes que exigem grande habilidade para que sejam executados com perfeição. Antes uma luta "marginalizada", com o tempo a Capoeira passou a ser praticada cada vez mais pelas classes média e alta.

Com a vinda do mestre Sang Min Cho para o Brasil, em 1970, e a introdução oficial da arte marcial coreana no país, iniciava-se o fim do "monopólio" do interesse do público brasileiro pelas artes marciais japonesas. Nessa mesma época, alguns mestres chineses também chegaram ao Brasil trazendo diversos estilos de arte marcial chinesa. Entretanto, sem a mesma orientação estratégica que havia por trás da missão de Sang Min Cho, a divulgação das artes marciais chinesas, apesar dos resultados significativos, não teve a mesma velocidade com que foi difundida a arte marcial coreana em nosso país.

Para mestre Cho, os modelos para uma divulgação eficiente do Taekwondo eram muitos. O padrão foi o mesmo adotado por mestres coreanos nos Estados Unidos, seguindo as orientações do general Choi. Além disso, o já trilhado caminho das artes marciais japonesas no Brasil poderia ser utilizado como direcionamento adicional. Sang Min Cho tentou seguir as ações efetivas e descartou as que não surtiram efeito para as lutas japonesas.

O clima favorável à divulgação do Taekwondo no Brasil e à proliferação de academias pelo país foi relevante para Sang Min Cho. Entretanto, ele teve o cuidado de divulgar o Taekwondo corretamente, como arte marcial coreana, para que não fosse, no futuro, confundido com algum estilo de luta chinesa ou japonesa.

A chave para o sucesso da divulgação do Taekwondo no Brasil, encontrada e utilizada pelo mestre Sang Min Cho, foi o uso racional da mídia. Era muito mais eficiente e menos dispendioso concentrar esforços para conseguir exposição na mídia, através de entrevistas e, especialmente, demonstrações. Para isso, mestre Cho contava com os contatos de seus alunos, da Polícia Militar, do DOPS e do Exército, além de eventuais contatos vindos através da colônia coreana de São Paulo. Com a divulgação feita através da mídia, Sang Min Cho e outros mestres atraíam muitos alunos novos, o que possibilitava a propaganda "boca a boca", outro estilo de divulgação muito importante para esse tipo de empreendimento.

> Com a vinda do mestre Sang Min Cho para o Brasil, em 1970, e a introdução oficial da arte marcial coreana no país, iniciava-se o fim do 'monopólio' do interesse do público brasileiro pelas artes marciais japonesas.

Divulgando o Taekwondo coreano

POUCO TEMPO DEPOIS DA VINDA de Sang Min Cho para o Brasil, um pequeno e seleto grupo de mestres chegou ao país, em 1971, enviado pela ITF e pelo general Choi. Eles haviam sido alunos de Sang Min Cho no curso para mestres, e também vieram com a designação "Instrutor de Taekwondo" em seus passaportes. O grupo era composto por Kun Joon Kwon, Sang In Kim, Woo Jae Lee e Kwang Soo Shin.

Estes mestres foram enviados pelo general Choi a pedido de Sang Min Cho para dar suporte ao seu trabalho, além de difundir ainda mais o Taekwondo pelo Brasil. O único que não teve treinamento específico para ser instrutor internacional foi Woo Jae Lee. Entretanto, segundo mestre Cho, seu nível de conhecimento técnico era excelente, com as mesmas características dos outros mestres e a mesma qualidade.

O grupo seria, no início, um apoio para as ações que mestre Cho estava implantando no Brasil, mas, em seu devido tempo, todos passariam a ter uma vida independente. Na época, mestre Cho era como um "chefe", mais importante hierarquicamente do que os outros dentro da ITF e perante o próprio general Choi. Além disso, Sang Min

Cho havia sido o instrutor daquele grupo na Coreia, com exceção de Woo Jae Lee, que não foi seu aluno direto. Nesse caso, como é comum na cultura coreana, os mestres deveriam sempre prestar reverência a Sang Min Cho e acatar suas decisões prontamente.

Mestres pioneiros no Brasil realizam demonstração em Londrina, no Paraná, em 1971. Da esquerda para a direita (à frente): Ku Han Kim, Sang In Kim, Woo Jae Lee, Sang Min Cho, Kun Joon Kwon e Kwang Soo Shin.

Outros bons mestres vieram depois por conta própria como imigrantes. O mestre Woo Jae Lee chamou um grupo de mestres conhecidos para vir ao Brasil, e Kun Joon Kwon fez o mesmo. Sang Min Cho não tem certeza, mas acredita que alguns deles vieram como instrutores oficiais de Taekwondo, entre os anos de 1971 e 1972.

Algum tempo depois, chegou ao Brasil outro grupo de mestres como imigrantes, a maior parte sem a indicação oficial de instrutor de Taekwondo. Eles fizeram o curso organizado pelo general Choi, e alguns deles também foram alunos de Sang Min Cho no curso de mestres internacionais da ITF. Entre eles, os mestres Ke Joon Lee, Soon

Myung Choi e Gun Mo Bang. Este último tinha conversado com Sang Min Cho sobre a intenção de vir para o nosso país como imigrante. Na época, Sang Min Cho disse para mestre Bang que o procurasse quando chegasse, e que ele poderia treinar na sua academia.

Entretanto, Gun Mo Bang foi para a região de Marília e Baurú, no interior do estado de São Paulo, onde fez um grande trabalho de divulgação da arte marcial coreana. Apesar de os mestres Sang Min Cho e Gun Mo Bang terem se conhecido ainda na Coreia, nunca chegaram a treinar juntos, nem lá, nem aqui, no Brasil.

Esses mestres fizeram o que o general Choi Hong Hi esperava deles: se espalharam pelo Brasil, tornando a divulgação do Taekwondo quase viral. Diferentemente do mestre Gun Mo Bang, que foi para o interior, o mestre Kun Joon Kwon, cunhado de Sang Min Cho, ficou na capital paulista, na Academia Liberdade. Woo Jae Lee foi para o Rio de Janeiro e Ku Han Kim, também aluno de Sang Min Cho na Coreia, foi para Londrina, no Paraná. Sang In Kim permaneceu em São Paulo, e abriu uma academia na região dos Jardins, bairro próximo à Avenida Paulista. Sung Jeong Hong, Im Chang Sun e Pyong Jong Chang foram para o estado de Minas Gerais, e Bong Soo Park foi para São Bernardo do Campo, na região do ABC paulista.

Quase todos esses mestres vieram com a graduação de faixa-preta 4º ou 5º *dan*. Sang Min Cho veio para o Brasil já com a graduação de faixa-preta 6º *dan*.

Mestre Kun Joon Kwon, por sua eficiência, se tornou o braço direito de Sang Min Cho. Eles se conheceram na Coreia, nasceram na mesma cidade e, além de amigos, acabaram tornando-se cunhados. Depois que o mestre Cho conheceu sua esposa e descobriu que ela tinha uma irmã, Ok Soon Kim, decidiu apresentá-la a Kwon e "arranjou o casamento". Esse ainda é um costume comum na Coreia, porém, em menor escala nos dias de hoje.

Mestre Kwon também fez o curso para formação de instrutores internacionais da ITF, ministrado por Sang Min Cho. Toda essa relação familiar e de amizade, tendo o Taekwondo como mais um elo entre os dois, fez com que Sang Min Cho convidasse mestre Kun Joon Kwon para vir ao Brasil, no primeiro grupo de mestres. Kwon veio sozinho — sua família viria apenas mais tarde, quando ele estivesse bem instalado e em condições de mantê-la adequadamente.

Poucos meses depois da chegada de mestre Kwon, finalmente a família de Sang Min Cho pôde vir para o Brasil. Cerca de dois anos haviam se passado, e no ano de 1972, mestre Cho conseguiu trazer a esposa, Bo Sun Kim e suas filhas Hion A Cho, Hion Kiung Cho e a mais nova, com apenas dois anos, Mi Chung Cho, que no Brasil adotariam os nomes de Mariza, Suzana e Adriana, respectivamente.

Nessa época, mestre Cho ainda morava na própria academia, no bairro da Liberdade, dividindo o espaço com o cunhado. Apesar de já ter alguma renda, ainda não ganhava o suficiente para alugar uma casa e sustentar toda a família. A esposa veio da Coreia com as filhas, algumas roupas e nada mais.

Nessa situação, Sang Min Cho recorreu novamente ao auxílio da hospitaleira colônia coreana de São Paulo. Mudou-se com toda a família para um quarto cedido pelo centro cultural coreano. Era uma ajuda provisória, por tempo suficiente para que o mestre pudesse adequar suas condições financeiras à chegada da família. O espaço pequeno ainda tinha que ser dividido com mais três famílias de imigrantes e alguns mestres coreanos, que também moravam no local.

Foi uma época muito difícil, recorda Sang Min Cho. Ele vivia sob um grande estresse emocional e, eventualmente, acabava sendo muito grosseiro com a esposa. Outro motivo de conflito era o grande desejo de Sang Min Cho de ter um filho homem.

Mestre Cho administrava a Academia Liberdade e também dava aulas na Academia da Polícia Militar de São Paulo e no DOPS. Mesmo assim, os recursos obtidos não eram suficientes para o sustento da família. A falta de dinheiro era desesperadora.

Sua esposa, diante da gravidade da situação, aproveitava a ausência do marido e saía para vender parte das roupas trazidas da Coreia. Mestre Cho lembra que, naquela época, o valor de cada peça de roupa era equivalente a um saco de arroz. Quando Sang Min Cho descobriu, através de comentários dos vizinhos, não permitiu que ela continuasse a vender suas roupas.

A princípio, Bo Sun insistiu que era necessário, mas Sang Min Cho não cedeu, e ela acabou concordando. Entretanto, pouco tempo depois, Bo Sun voltou às vendas sem que o marido desconfiasse. Sabia que era preciso, e que Sang Min Cho não aprovaria. Ele saía de casa logo cedo e passava o dia todo fora, só retornando à noite, mas se sentia muito mal por constatar que não estava conseguindo suprir as necessidades básicas de sua família. Isso afetava muito sua autoestima.

Além do sustento da família, mestre Sang Min Cho ainda se responsabilizava pelas despesas de alimentação de outros mestres, que vieram para o Brasil sob seus cuidados.

Mestre Cho com sua esposa Bo Sun, seu filho Alexandre e suas filhas Hion A (Mariza), Hion Kiung (Suzana) e Mi Chung (Adriana). Foto do início dos anos 1980.

Assim que foi possível, alugaram uma casa e se mudaram para o seu primeiro lar no Brasil. Durante esse período difícil, Bo Sun Kim continuou a vender roupas de porta em porta, nas redondezas, mas agora eram roupas compradas especificamente para revenda. Para Sang Min Cho, essa foi a primeira de uma série de atitudes tomadas pela esposa para auxiliá-lo, permitindo que ele se dedicasse o máximo possível ao Taekwondo.

Depois de algum tempo, Bo Sun Kim passou a administrar uma loja de bijuterias e roupas femininas, ganhando muito mais do que Sang Min Cho com a academia e as aulas na polícia. Graças à sua família, a vida se tornou mais tranquila financeira e emocionalmente.

A melhora das condições financeiras da família permitiu que Sang Min Cho realizasse um grande sonho: a compra de seu primeiro carro, um Volkswagen Fusca. Foi um dos melhores momentos de sua vida, até então. Como o próprio Sang Min Cho diz, "aquele carro valia muito mais que ouro para mim". Depois de todo sofrimento passado na Coreia, a infância restrita pela vida sob o domínio japonês, a Guerra, a fome, e de todas as dificuldades na chegada ao Brasil, aquele carro significava para ele uma vitória inimaginável. Para completar suas expectativas, em 1973, Sang Min Cho realizou um sonho ainda maior: ser pai de um menino, Alexandre.

Proporcionar as condições necessárias para que o seu cunhado Kwon pudesse trazer a família para o Brasil passou a ser uma prioridade para Sang Min Cho. A Academia Liberdade, naquele momento, já contava com um bom número de alunos. A renda obtida servia para manter o mestre Cho e também ajudava no sustento do cunhado, que dava aulas na academia. As aulas ministradas na polícia paulista completavam suas necessidades financeiras.

Entretanto, como não havia perspectivas de que mestre Kwon pudesse abrir sua própria academia, e devido aos comentários que começaram a surgir na colônia coreana, a respeito dos motivos pelos quais Kun Joon Kwon não trazia logo sua esposa para o Brasil, mestre Cho decidiu dar ao cunhado a Academia Liberdade, que passou a se chamar "Kwon Taekwondo Clube". Depois disso, o sustento de Sang Min

Cho provinha somente das aulas dadas à polícia e das aulas particulares que ministrava para poucos alunos.

Foi então que um de seus alunos, Antônio, se transformou em um personagem importantíssimo para a prosperidade de Sang Min Cho e também para a divulgação do Taekwondo no Brasil.

Mestre Cho ainda não tinha condições sequer de pensar em ter outra academia em São Paulo, mas Antônio o convenceu a abrir uma nova academia em um bairro nobre da capital paulista, para que as classes média e alta pudessem conhecer o Taekwondo. E sugeriu que fosse instalada no tradicional bairro de Higienópolis, região central da cidade.

Mestre Sang Min Cho e seu aluno Antônio, que ajudou a viabilizar a abertura da nova academia "Cho Taekwondo Clube". Foto da inauguração, em 1975.

Por ser uma pessoa com muitos recursos, Antônio ajudou mestre Cho financeiramente, viabilizando a instalação da academia. Essa parceria se mostrou extremamente eficiente, pois nasceu, na Rua Veiga Filho, uma academia com um conceito completamente novo para a época.

O espaço contava com diferenciais importantes para atrair um grande número de alunos — homens, mulheres, e, principalmente, crianças e adolescentes. Atrair crianças e jovens, para o mestre Cho, era uma questão de sobrevivência para a própria modalidade ainda desconhecida para o público da região, pois estes seriam praticantes por mais tempo e teriam um grande período ativo na arte marcial, ou seja, divulgariam o Taekwondo por mais tempo.

Mestres coreanos, membros do consulado da Coreia do Sul e da Polícia Militar de São Paulo na inauguração da nova academia instalada no bairro de Higienópolis, em São Paulo-SP, 1975.

A academia, batizada de "Cho Taekwondo Clube", tinha uma sala de musculação bem equipada — prática de exercício pouco difundida na época, se comparado aos dias de hoje —, uma ampla sala para as aulas de Taekwondo (*dojang*), vestiários completos com armários, e uma sala com um monitor de TV, pelo qual era possível assistir às aulas, confortavelmente, numa poltrona ou sofá, sem atrapalhar ou distrair os alunos ou o mestre.

Vale lembrar que este pequeno "conforto eletrônico", em meados dos anos 1970, era visto como um grande diferencial, uma tecnologia de "ficção científica". Na época, as câmeras de segurança ainda eram enormes, muito caras, nem mesmo as grandes empresas dispunham desse sistema. A academia no bairro de Higienópolis foi o começo de uma época muito importante e próspera para Sang Min Cho.

Para começar a divulgação do Taekwondo e atrair alunos, mestre Cho lançou mão de uma estratégia que conhecia muito bem: promover demonstrações da arte marcial coreana nos colégios da região.

Mestre Cho e alguns alunos mais habilidosos fizeram uma demonstração, no ano de 1975, em uma das escolas mais tradicionais de São Paulo, o Colégio Rio Branco, situado no mesmo quarteirão da nova academia. A demonstração impressionou tanto os alunos que tornou a "Cho Taekwondo Clube" conhecida e respeitada em pouquíssimo tempo. Para o mestre coreano, a nova clientela trazia alguns ingredientes muito bem-vindos: o alto poder aquisitivo das famílias dos novos alunos, importantes contatos sociais e uma "safra" de jovens que teriam como se dedicar ao Taekwondo por muitos anos.

Uma das especialidades que Sang Min Cho mais gostava de realizar: chute com salto (*timio pitro tchagui*) quebrando uma telha, a mais de dois metros de altura.

Ainda em 1975, o árduo trabalho de Sang Min Cho obteve um merecido reconhecimento das autoridades brasileiras. Ele recebeu um prêmio de Honra ao Mérito, concedido pelo Ministério da Educação e entregue pelo próprio ministro, Ney Braga, que ocupou o cargo no governo do então presidente Ernesto Geisel, de 1974 a 1978.

Logo que a nova academia começou a funcionar, mestre Cho também criou condições para que Bo Sun Kim pudesse implementar, no mesmo lugar, seu pequeno comércio. A garagem foi transformada em uma pequena loja de presentes finos, o que aumentaria consideravelmente seus rendimentos. Sua esposa, mais uma vez, mostraria seu valor e companheirismo.

Inauguração da segunda sede do Cho Taekwondo Clube, no bairro de Santa Cecília, São Paulo-SP, em 1978. Ao lado de Sang Min Cho (primeiro à direita), sua esposa Bo Sun, em traje típico coreano. A grande festa, com todas as honras da Polícia Militar de São Paulo, foi uma das maiores conquistas para o grande mestre.

Na administração da pequena loja, Bo Sun Kim precisava da ajuda do marido. Eles não tinham recursos para manter um bom estoque de produtos, contando com apenas um exemplar de cada item na loja.

A cada venda realizada, Sang Min Cho tinha que "correr" ao fornecedor para comprar outro. Isso acabava tomando muito seu tempo. Mesmo assim, seu papel e sua importância para o Taekwondo brasileiro, que acabara de nascer, só cresciam.

Foi uma época de conquistas e vitórias para Sang Min Cho e sua família. Até mesmo o seu primeiro carro, o fusca, já havia sido trocado por um Alpha Romeo, o segundo carro mais luxuoso fabricado no Brasil, em meados dos anos 1970.

Quando a situação financeira da família Cho se estabilizou, Sang Min Cho e sua esposa abriram uma loja no bairro do Brás, famoso reduto de confecções de imigrantes coreanos. Atualmente, a maior parte da colônia coreana na capital paulista está concentrada em um bairro próximo, o Bom Retiro, onde as lojas de roupas e confecções de coreanos proliferaram e prosperaram nas últimas décadas.

A maioria dos mestres coreanos radicados no Brasil prestigiou a festa de inauguração da segunda sede do Cho Taekwondo Clube, no bairro de Santa Cecília, São Paulo-SP, em 1978.

A partir daí, Bo Sun Kim passou a administrar sozinha a loja, e mestre Cho pôde se dedicar, sem outras preocupações, à sua academia e a todos os assuntos ligados ao Taekwondo. Sang Min Cho sempre credita boa parte do desenvolvimento do Taekwondo brasileiro à sua esposa, pois sem o seu apoio em negócios paralelos, não teria condições de realizar tudo o que fez pela divulgação e pelo fortalecimento do Taekwondo no Brasil.

Pouco mais de quatro anos depois, com a academia sempre cheia, Sang Min Cho procurou outro imóvel mais amplo nas proximidades, que pudesse atender, com vantagens, um número ainda maior de alunos. Foi mais uma conquista para o mestre, que mudaria a sua academia "Cho Taekwondo Clube" para a Rua Martin Francisco, bairro de Santa Cecília, a poucos quarteirões de distância. Nessa época, mestre Cho dividia o tempo entre a sua academia e as aulas da polícia, mas logo passou a dar aulas na sua academia esporadicamente. A maioria das aulas era ministrada por alunos faixas-pretas, graduados pelo próprio mestre.

Em 1978, Sang Min Cho trouxe da Coreia sua sogra e seus dois cunhados, Yeo Jun Kim e Yeo Jin Kim, irmãos mais novos de sua esposa. Eles ainda frequentavam a escola na Coreia e terminaram seus estudos no Brasil, passando, depois, a se dedicar ao Taekwondo na academia Cho em tempo integral.

Yeo Jun, o mais velho, então com 17 anos de idade, logo começou a dar aulas junto com seu irmão Yeo Jin, de 15 anos, que recebeu a faixa-preta pouco tempo depois de chegar ao Brasil. Em seguida, os irmãos Kim passaram a

Logotipo do Cho Taekwondo Clube, segunda academia de Sang Min Cho no Brasil.

se revezar, ensinando também na "Kwon Taekwondo Clube", antiga Academia Liberdade. Com isso, passaram a auxiliar os dois cunhados, os mestres Cho e Kwon.

Segundo Yeo Jun Kim, atualmente mestre faixa-preta 8º *dan*, quando ele e o irmão começaram a treinar na academia Cho, perceberam uma forte rigidez de princípios e conceitos de hierarquia que Sang Min Cho demonstrava e ensinava. O mestre era muito rigoroso no que dizia respeito às graduações de faixa e exigiu muito empenho dos jovens cunhados antes que fossem graduados faixas-pretas. Fez questão que os dois, apesar de já terem treinado Taekwondo na Coreia, começassem da faixa-branca, para aprender com ele todo o currículo do Taekwondo.

Yeo Jun afirma ter plena consciência de que deve ao cunhado o sucesso que alcançou no Taekwondo, graças ao que foi semeado por Sang Min Cho, desde o duro início de sua jornada no Brasil, até os dias de hoje. Diz, também, que não consegue sequer imaginar as dificuldades pelas quais passou mestre Cho, ao vir para um país tão diferente, sem ninguém, sem o conhecimento da língua e com tão poucos recursos financeiros.

Nessa época, embora não desse mais aulas, mestre Sang Min Cho ainda fazia questão de cuidar da disciplina na academia. Mesmo estando há vários anos no Brasil, ele mantinha fortes as raízes do Taekwondo e sua origem militar.

Um fato ilustra bem como mestre Cho lidava com algumas questões disciplinares. Eventualmente, na falta dos irmãos Kim ou do próprio mestre Cho, um dos alunos do mestre, faixa-preta, dava aula na academia. Durante uma luta com um aluno iniciante, faixa-verde, sem controlar devidamente a força e a agressividade, o faixa-preta acabou fraturando o braço do adolescente. Os presentes ficaram desconcertados com a cena. O jovem professor, não percebendo a gravidade do quadro, tentou "encaixar" o braço fraturado no lugar. Um senhor que aguardava o final da aula para levar o filho impediu imediatamente e levou o jovem a uma clínica de fraturas bem próxima dali.

No dia seguinte, mestre Cho estava na recepção, fazendo seu trabalho administrativo, quando o garoto que havia sofrido a fratura, já com o braço engessado, entrou na academia com seu pai. O pai, revoltado, fez ameaças ao mestre pelo que aconteceu ao filho. Dizia que poderia ir à polícia denunciar o professor e responsabilizar mestre Cho e sua academia pelo ocorrido. Diante da situação, sabendo que o pai do garoto estava coberto de razão, com todos os motivos para estar inconformado, mestre Cho apenas abaixou a cabeça e pediu desculpas. Disse, ainda, que o instrutor responsável seria repreendido.

O pai do garoto se acalmou com as palavras de Sang Min Cho e disse que não tomaria nenhuma atitude contra a academia em respeito e consideração ao mestre.

Mestre Sang Min Cho executando demonstração de quebramento em Santos-SP, 1979.

Logo após a saída do garoto e seu pai, chega o professor responsável pelo problema. Mestre Cho, inconformado com o que acabara de ouvir, gritou com o instrutor, ordenando que colocasse o uniforme (*dobok*) imediatamente. Mestre Cho lutou com o faixa-preta, muito maior e mais forte do que ele, e lhe deu uma verdadeira lição. Era parte da fórmula disciplinar na qual Sang Min Cho havia sido criado e na qual acreditava. Para um lutador, uma das punições pela quebra da disciplina poderia ser uma luta na qual "apanhasse", pois a submissão, física e técnica, demonstraria claramente que há sempre alguém mais capaz, demonstrando-lhe a importância da humildade.

Outra passagem interessante, que serve para compreendermos o modo de pensar e de agir de Sang Min Cho no que diz respeito à disciplina, foi relatada pelo mestre Yeo Jun Kim. No ano de 1985, Yeo Jun comprou uma academia em Campinas, cidade do interior do estado de São Paulo. Nessa ocasião, mestre Cho, responsável pela academia recém-adquirida pelo jovem cunhado, descobriu que um grande número de alunos recebeu suas graduações de faixa de forma irregular durante a administração anterior.

A irregularidade se referia basicamente a quem ministrava os exames de faixa. Apenas mestres acima do 4º *dan* podem ministrar exames e graduar alunos. Entretanto, muitos praticantes daquela academia haviam recebido suas graduações das mãos de professores faixas-pretas 1º ou 2º *dan*.

Diante da situação, mestre Sang Min Cho instruiu a Yeo Jun Kim que informasse aos alunos em situação irregular que teriam que voltar às graduações recebidas apenas das mãos de mestres capacitados. Sang Min Cho sabia que isso causaria uma grande "debandada" da academia e que, certamente, haveria muitos prejuízos. Mesmo assim, insistiu que a correção e os regulamentos fossem cumpridos a qualquer custo.

Desde meados da década de 1970 até o início dos anos 1980, mestre Sang Min Cho mantinha uma "afiada" equipe para realizar demonstrações de Taekwondo nos mais diversos municípios do estado de São Paulo. Deste período, podemos destacar alguns professores, como Cláudio

Sidney Lopes, Yeo Jun Kim, Yeo Jin Kim, Djalma dos Santos, Carlos Wilson de Souza Marques, Paulo Nicolai e Tanei Campos, entre outros.

Quando havia um bom público interessado em praticar o Taekwondo na cidade, mestre Cho incentivava alguns de seus alunos faixas-pretas a abrir uma academia, ficando apenas com a função de mestre responsável. Muitas foram abertas no estado de São Paulo, em municípios como Santos, Bragança Paulista, Jundiaí, entre outros.

Mestre Cho com um grupo de alunos e professores numa importante demonstração na Praia do Gonzaga em Santos-SP, em 1979. Em pé, da esquerda para a direita: Paulo Nicolai (1º), Claudio Sidney Lopes (2º), mestre Cho (4º), Maiza Cecília de C. Tempesta (5º) e Yeo Jun Kim (6º). Sentados, da esquerda para a direita: Clóvis A. Yamane (1º) e Yeo Jin Kim (2º).

Do final da década de 1970 até 1981, todas as quartas-feiras, das 12h às 14h, mestre Sang Min Cho comandava um treino especial para os faixas-pretas e alunos mais graduados, que faziam parte do grupo de demonstrações. Nessas ocasiões, costumava lutar com todos os alunos, sempre demonstrando que sua força e agilidade superavam facilmente a qualquer um deles, ainda que fossem muito mais altos ou com maior massa muscular. Esses treinos eram de grande importância para conferir e manter o alto padrão de qualidade técnica de todos os alunos faixas-pretas de Sang Min Cho.

A principal diferença entre as demonstrações das academias de hoje e as que mestre Sang Min Cho e muitos mestres pioneiros organizavam naquela época era o objetivo principal: difundir o Taekwondo no Brasil e fazer com que a grandeza desta arte marcial coreana fosse conhecida pelo maior número de pessoas possível. O objetivo das demonstrações nos dias de hoje é atrair alunos visando apenas incrementar a receita da própria academia. São ações mais regionais, visando o lucro.

Em uma demonstração de luta (*kerugui*) realizada em 1978, mestre Cho e seu aluno faixa-preta, Carlos, proporcionam um espetáculo para os presentes.

Isso, no entanto, não é um demérito, devido ao simples fato de que o Taekwondo já é amplamente conhecido em todo o Brasil e as academias são, em última instância, empresas comerciais, que visam a sua manutenção e o seu lucro. Contudo, a necessidade moral de que os conceitos básicos do Taekwondo sejam sempre seguidos deve prevalecer. Segundo Sang Min Cho, "o lucro e a prepotência não podem falar mais alto do que o espírito do Taekwondo".

Em 1981, os irmãos Kim foram definitivamente para a antiga Academia Liberdade, mudando com sua mãe para o bairro de mesmo nome. Mais tarde, se tornariam os donos da academia fundada por Sang Min Cho, em 1970. O mestre Yeo Jun Kim ainda mantém em funcionamento a Academia Liberdade, em um imóvel construído em frente à antiga academia. Sua estrutura atual é impressionante se comparada à da academia original ou à de qualquer outra academia de Taekwondo no Brasil.

Foto oficial da cerimônia de fundação da Federação Paulista de Taekwondo, em 1985. Sentados: mestre Sang In Kim, o primeiro presidente (o 4º da esquerda para a direita) e mestre Sang Min Cho, fundador da entidade (com o paletó branco). Em pé, da esquerda para a direita, os mestres: Jung Hee Kim (2º), Jun Sik Choi (4º), Yeon Sik Kim (5º), Chang Seon Lim (7º), Ke Jon Lee (8º), Gun Mo Bang (10º), Hyong Suk Shin (11º), Shin Hwa Lee (13º) e Yeo Jun Kim (17º).

Quando os irmãos Kim saíram definitivamente da Cho Taekwondo Clube, mestre Sang Min Cho passou a se desinteressar pelos assuntos diretos da academia. Entretanto, seu papel no desenvolvimento do Taekwondo brasileiro só fazia aumentar, pois continuava fortemente engajado na criação de entidades que pudessem dar mais força à modalidade no Brasil. As aulas na academia foram assumidas por um faixa-preta de origem argentina, Alfredo Carlos Lopes, até o professor Djalma dos Santos tomar a frente do Cho Taekwondo Clube.

Sang Min Cho como chefe da delegação brasileira no desfile de abertura do 7º Campeonato Mundial de Taekwondo, realizado em Seul, na Coreia, em 1985.

Os esforços de Sang Min Cho em prol do Taekwondo brasileiro foram reconhecidos novamente pelo governo federal que, em 1982, concedeu-lhe um prêmio através do Ministério das Relações Exteriores. Ainda nesse mesmo ano, mestre Cho recebeu um certificado de reconhecimento da WTF "pela sua devoção em promover e difundir o Taekwondo pelo Brasil".

No ano de 1985, Sang Min Cho, diretor do Departamento de Taekwondo da Federação Paulista de Pugilismo durante anos, organizou e fundou a Federação Paulista de Taekwondo. Embora fosse o fundador e, por direito, tivesse a preferência para ocupar a primeira presidência da nova entidade, mestre Cho declinou do cargo em favor do mestre Sang In Kim, que se tornou o primeiro presidente da Federação Paulista de Taekwondo.

Demonstração no 1º Torneio Interestadual de Taekwondo, realizado em Brasília-DF, em 9 de junho de 1975. Mestre Cho prepara-se para saltar sobre uma moto e seu ocupante e, em seguida, quebrar uma telha com um chute (*timio yop tchagui*).

No evento oficial de comemoração da fundação da nova entidade, compareceram os mais proeminentes mestres coreanos radicados no estado de São Paulo, bem como autoridades e representantes da Federação Paulista de Pugilismo, entidade que acolheu mestre Sang Min Cho e o Taekwondo e da qual a arte marcial coreana estava se desligando definitivamente.

Sang Min Cho foi, inquestionavelmente, a principal liderança do Taekwondo brasileiro. Embora houvesse grupos de mestres coreanos que divergiam das estratégias e da condução do processo de implantação do Taekwondo no Brasil, mestre Cho fundou e presidiu a Associação dos Mestres Coreanos, entidade que conduziu a política do Taekwondo no Brasil até a criação do sistema da Confederação Brasileira e as federações estaduais.

A liderança e a influência de Sang Min Cho ainda são muito fortes, e o segredo do seu sucesso sempre foram os seus contatos. Ele também fundou e foi o primeiro presidente da Associação Geral dos Esportes Coreanos no Brasil, entidade ligada diretamente à Associação Geral dos Esportes da Coreia que, por sua vez, é ligada ao Comitê Olímpico Internacional (COI). Até os dias de hoje, Sang Min Cho ainda é um dos nomes mais respeitados na colônia coreana brasileira.

Em 1989, decidido a mudar-se definitivamente para os Estados Unidos, Sang Min Cho finalmente entregou sua academia para um antigo aluno, Djalma dos Santos que, atualmente, é mestre da ITF no Brasil. Com isso, mestre Cho virou uma importante página de sua vida, deixando um grande legado para o Brasil e marcando para sempre o seu nome como o "Pai do Taekwondo Brasileiro".

> Ainda em 1975, o árduo trabalho do mestre Cho obteve um merecido reconhecimento das autoridades brasileiras. Ele recebeu o prêmio de Honra ao Mérito, concedido pelo Ministério da Educação e entregue pelo próprio ministro, Ney Braga.

Os desafios feitos ao Taekwondo

O UNIVERSO DAS ARTES MARCIAIS apresenta uma peculiaridade há milhares de anos: os desafios para combates. Essa prática milenar sempre foi imposta para que mestres, alunos e lutadores profissionais pudessem provar o valor de suas técnicas e o seu valor pessoal como lutadores. Os seres humanos, especialmente os homens, sempre tiveram a necessidade quase instintiva de provar sua força, honra e valor.

Nos dias de hoje, essa necessidade é suprida com as disputas em campeonatos ou desafios informais através de lutas travadas em qualquer lugar, com ou sem plateia. Nos países asiáticos, esta prática ainda é muito comum. Em alguns casos, as lutas informais são as mais valorizadas pelos lutadores e por todos aqueles ligados às artes marciais.

Mestre Cho sempre conheceu essa realidade, por se tratar de uma tradição muito comum na Coreia e na Ásia, em geral. E aqui, no Brasil, não poderia ser diferente.

Logo que chegou ao país, sem falar uma palavra de português, Sang Min Cho foi auxiliado por Yong Man Kim, um imigrante coreano que já morava aqui há anos e sabia falar bem a nossa língua. Ele tinha um irmão mais velho, que trabalhava no consulado coreano, em São Paulo, e que também conhecia o mestre Cho. Segundo o mestre, Yong Man Kim bebia muito e vivia intensamente a "noite" paulistana, especialmente no bairro da Liberdade. O irmão mais velho, preocupado com o seu modo de vida, pediu a Sang Min Cho que ensinasse Taekwondo a Yong Man Kim, pois seria uma forma de fazer com que ele "endireitasse na vida".

Mestre Cho demonstra uma defesa dupla contra dois chutes simultâneos. À direita, mestre Kun Joon Kwon, cunhado de Sang Min Cho.

Sang Min Cho sempre teve um comportamento regido por normas e pela disciplina militar. Por isso, quando recebeu esse pedido formal, o mestre disse: "Se quiser aprender Taekwondo e ser meu aluno, em primeiro lugar, deve cortar esse cabelo! Homens não usam cabelo comprido! Além disso, deverá começar a se comportar melhor e aprender a se vestir de maneira apresentável!". Mestre Cho sempre recomendava a seus alunos que não usassem cabelo comprido, colares, pulseiras e, especialmente, brincos durante os treinos. Para ele, além desses acessórios não estarem de acordo com o aspecto militar do Taekwondo, ainda poderiam causar eventuais ferimentos durante os treinamentos, especialmente durante os combates.

Assim que mestre Cho terminou suas "exigências", Yong Man começou a suar, só de pensar em cortar o cabelo! No entanto, no dia seguinte, apareceu na Academia Liberdade com o cabelo cortado e roupas apresentáveis. Entretanto, como mestre Cho pôde comprovar posteriormente, seu comportamento em relação à bebida e às "noitadas", permaneceria igual.

Como ia regularmente a muitas boates no bairro da Liberdade, também frequentadas por japoneses, Yong Man Kim acabava comentando sobre a Coreia, o Taekwondo e o mestre Sang Min Cho, pelo qual nutria grande admiração. Com os comentários do coreano, muitos japoneses ficaram curiosos sobre o Taekwondo, e o assunto se tornou muito falado dentro da colônia nipônica de São Paulo, a mais numerosa do mundo, na época.

De tanto ouvirem falar do Taekwondo e de Sang Min Cho, três mestres de Caratê do estilo Kyokushin Oyama foram à Academia Liberdade para conhecer um pouco mais sobre a arte marcial coreana e o mestre. Assim que os viu, mestre Sang Min Cho percebeu que não estavam ali só para ver e conversar. A intenção era provocar uma luta e testar a eficiência do Taekwondo e do próprio mestre coreano. Mais uma vez, a tradição dos desafios nas artes marciais se fazia presente.

Nesse dia, quando os japoneses chegaram, mestre Cho treinava no saco de pancadas, golpeando com chutes e socos. Como ainda não falava português, pediu para Yong Man Kim perguntar o que queriam. Eles disseram que estavam ali para lutar. Era o primeiro desafio que Sang Min Cho recebia no Brasil.

Informado da intenção dos desafiantes, mestre Cho disse para Yong Man Kim trancar a porta da academia e dar a chave para ele. Essa atitude inesperada preocupou o grupo de japoneses. Depois que recebeu a chave, mestre Cho colocou-a de lado e continuou batendo mais forte no saco de pancadas por algum tempo, o suficiente para acalmar os ânimos.

Segundo Sang Min Cho, durante aqueles minutos, houve um "combate de *Ki*". O *Ki*, segundo a tradição oriental, é a energia vital dos seres humanos. Nós recebemos uma carga de *Ki* no nascimento, e esse montante vai diminuindo no decorrer da vida até extinguir-se com a morte. Há, entretanto, algumas formas de elevar essa energia, dentre elas a prática das artes marciais. Essa energia é a fonte do "poder" dos praticantes de qualquer arte marcial. Para os orientais, o *Ki* é o fator decisivo em qualquer combate. Uma pessoa com o *Ki* fraco, não consegue vencer nenhuma luta. Por outro lado, uma pessoa com um *Ki* muito elevado consegue vencer mesmo sem entrar em combate. Para Sang Min Cho, foi isso que aconteceu naquele dia. Apesar da força do *Ki* de seus desafiantes, a sua energia foi mais consistente e intimidou os oponentes.

Passado esse instante, Sang Min Cho tirou a parte de cima de seu uniforme (*dobok*) e pediu a Young Man Kim que perguntasse, mais uma vez, o que eles queriam exatamente. Era a última chance para que o confronto fosse evitado. Desta vez, assustados, disseram que queriam apenas ver como era a arte marcial coreana.

Para o mestre Cho, que ainda tentava se estabelecer no Brasil e divulgar o Taekwondo, não interessava se indispor com quem quer que fosse, a não ser em situações extremas. Sendo assim, relevou o desafio anterior e, a partir daí, tratou os visitantes com toda cordialidade e se dispôs a conversar e a responder qualquer pergunta sobre ele e o Taekwondo coreano.

Sang Min Cho surpreendeu os visitantes ao mostrar que conhecia bem o estilo Kyokushin Oyama e que, inclusive, conhecia pessoalmente o criador do estilo, mestre Oyama. Na verdade, mestre Oyama era coreano e se chamava Yong Yi Choi; ele adotaria o nome japonês Masutatsu Oyama apenas ao se mudar para o Japão. Mestre Cho disse, ainda, que havia feito uma demonstração para o mestre Oyama, quando este fez uma visita à Coreia alguns anos antes.

Depois desse incidente, mestre Sang Min Cho passou a ser muito respeitado pela colônia japonesa em São Paulo, e o Taekwondo também passou a ser encarado pelos japoneses como uma arte marcial respeitável. A partir daí, muitos japoneses e descendentes também começaram a frequentar a Academia Liberdade.

Mestre Cho executando um chute lateral (*yop tchagui*).

Para quem não conhece este peculiar bairro na cidade de São Paulo, a Liberdade é, há décadas, um reduto oriental no qual os asiáticos, de uma maneira geral, convivem em harmonia. A diversidade arquitetônica, cultural e gastronômica também impressiona a quem o visita. A Liberdade é o principal centro de artes marciais do Brasil, com uma grande concentração de academias dos mais diversos tipos e estilos de lutas orientais.

Um outro incidente muito curioso envolvendo mestre Cho teve origem no Rio de Janeiro.

Mestre Woo Jae Lee fazia parte do primeiro grupo de mestres que veio após o mestre Sang Min Cho. Ele se mudou para a capital carioca e abriu sua própria academia, realizando também um grande trabalho de divulgação do Taekwondo na Cidade Maravilhosa. Muitos alunos já treinavam com o mestre Lee, quando este recebeu um desafio bastante intimidador de um grupo de lutadores de Jiu Jitsu.

Mestre Sang Min Cho em sua academia no bairro de Santa Cecília, São Paulo-SP, em 1978. As luvas são usadas para a prática de socos no "saco de pancadas". Para Sang Min Cho, um bom lutador precisa ter "punhos, abdômen e pernas fortes". Por essa razão, além dos chutes, sempre praticou socos com muita determinação.

Por ter uma forte relação de hierarquia com Sang Min Cho, mestre Woo Jae Lee ligou para São Paulo e informou que tinha sido desafiado por um grupo de lutadores, todos de uma família que dominava as artes marciais no Rio de janeiro. Eram os famosos Grace, do Jiu Jitsu. Mestre Woo Jae Lee não sabia como agir e queria um conselho de como deveria proceder. Deveria lutar com o escolhido dos Grace?

Mestre Cho determinou que mestre Woo Jae Lee não lutasse e que informasse aos Grace que ele, Sang Min Cho, como mestre mais graduado e chefe do grupo de mestres coreanos no Brasil, lutaria com quem eles quisessem.

O desafio foi o procedimento utilizado pela família Grace por muitas décadas para provar a eficiência do Jiu Jitsu e reforçar sua hegemonia nas artes marciais no Rio de Janeiro. Essa estratégia também foi utilizada por membros da famosa família carioca nos anos 1990, quando começaram a se aventurar pelos Estados Unidos. A estratégia se mostrou tão eficiente por lá que fez com que o Jiu Jitsu Grace fosse reconhecido mundialmente.

O procedimento padrão era sempre desafiar a todos os melhores mestres e lutadores, fossem eles de qualquer tipo de luta ou arte marcial. Como a família dispunha de lutadores de diversos pesos e tamanhos, sempre procurava colocar alguém menor para lutar contra o desafiado. Isso era a garantia de que a vitória seria incontestável, afinal, um Grace menor ganharia de um oponente maior e mais forte.

O fato de o Taekwondo estar sendo cada vez mais divulgado na mídia brasileira, principalmente através das matérias sobre mestre Cho, acabou por despertar a curiosidade da família Grace, que viu a necessidade de propor um desafio. A oportunidade de vencer Sang Min Cho em um combate limpo e público seria inestimável. Os membros da família Grace, como muitos outros lutadores de diversas artes marciais já famosas no Brasil, como o Caratê e a Capoeira, começaram a ficar cada vez mais "desconfiados" do Taekwondo, acreditando que a arte marcial coreana poderia se tornar um problema para o Jiu Jitsu dos Grace.

As reportagens sobre Sang Min Cho e o Taekwondo em jornais e revistas tornaram-se regulares. Era comum, nessas matérias, a publicação de fotos do mestre Cho executando chutes incríveis, ou realizando grandes feitos, como "andar" em uma parede muitos metros acima do chão. A curiosidade sobre a real capacidade de luta do mestre coreano era tanta, que Sang Min Cho passou a ser conhecido, no meio das artes marciais, como "o demônio coreano". Essa fama acabou se mostrando bastante benéfica para a divulgação do trabalho do mestre Cho e do próprio Taekwondo no Brasil.

O que a família Grace não podia prever nem imaginar foi a reação do mestre Cho. Antes de ir para o Rio de Janeiro, Sang Min Cho pediu ao mestre Woo Jae Lee que fizesse, em seu nome, uma exigência que os Grace não esperavam. Exigiu da família, especialmente de quem fosse lutar contra ele — mestre Cho não sabia quem seria seu oponente, nem mesmo se seria alguém maior ou menor, mais leve ou mais pesado —, que um termo fosse assinado pelos dois oponentes, dizendo que o combate poderia resultar em morte, e quem sobrevivesse não deveria ser incriminado, pois haveria o consentimento da outra parte.

Mestre Cho alegou que era um militar treinado e que estava no Brasil em uma missão diplomática, enviado pelo governo da Coreia para divulgar o Taekwondo. Disse também que não lutava por glória, dinheiro ou para provar para os outros a sua capacidade. Ele não estava no Brasil para "brincar".

Simplesmente lutar, como queriam os Grace, não seria interessante para os seus objetivos, ao contrário do que seria para os brasileiros do Jiu Jitsu. Se fosse lutar, deveria ser para valer, sem regras. Avisou que lutaria como em um combate militar e que, nessas circunstâncias, tinha certeza de que alguém certamente morreria.

A exigência assustou a famosa família de lutadores, que decidiu abandonar a ideia do combate e ainda passou a respeitar Sang Min Cho e o Taekwondo coreano. Esta foi a única vez, de que se tem notícia, que lutadores da família Grace recuaram perante um desafio.

Com a recusa de assinar o termo de responsabilidade, mestre Cho disse aos Grace que "há uma máxima das artes marciais que diz que um lutador, ao desafiar o outro, vencendo ou perdendo, nada ganha e que não há sabedoria no confronto". Se o Taekwondo perdesse do Jiu Jitsu, como ficaria o projeto de divulgação da arte marcial coreana no Brasil? E se o Jiu Jitsu perdesse? Como ficaria a fama dessa importante arte marcial? De uma maneira ou de outra, ambos perderiam com o confronto.

Graças a esse incidente, a convivência entre os praticantes de Jiu Jitsu e de Taekwondo, no Rio de Janeiro, sempre foi e continua sendo bastante amigável.

Mestre Cho executando um impressionante chute com salto (*timio pitro tchagui*), durante uma demonstração em uma escola, em meados da década de 1970.

Em outra ocasião, quando mestre Sang Min Cho dava aula na Academia da Polícia Militar de São Paulo, um tenente, desconfiado da capacidade de Sang Min Cho, chamou um lutador de capoeira sem avisar o mestre coreano. O capoeirista já chegou chutando, tentando pegar o mestre Cho desprevenido.

Foto publicada no jornal *Última Hora*, em 17 de fevereiro de 1974. Mestre Cho "caminha" pela parede do prédio da administração das antigas Indústrias Matarazzo, no centro de São Paulo-SP. Atualmente, o prédio que fica no Viaduto do Chá tornou-se a sede da prefeitura de São Paulo. A foto causou grande repercussão na época, por se tratar de uma demonstração de habilidade inimaginável.

Acostumado com situações de luta, Sang Min Cho deu um pulo, escapando de uma rasteira certeira e, ao retornar ao chão, já voltou chutando o agressor no pescoço, acabando, assim, a luta. Depois disso, ajudou o capoeirista a se levantar e perguntou se ele era um mestre nas artes marciais. Disse a ele que um verdadeiro mestre não deveria agir daquela maneira e que poderia acabar se machucando, ou até mesmo morrer, se continuasse com aquele comportamento.

Naquela época, Sang Min Cho já falava português e, eventualmente, recebia desafios de mestres ou praticantes de outras artes marciais. Sempre que possível, mestre Cho evitava o confronto, lutando apenas em situações inevitáveis.

Todos que treinam ou já treinaram algum tipo de arte marcial sabem que, infelizmente, os desafios são relativamente comuns e que, muitas vezes, acabam em graves ferimentos ou até mesmo com a morte de um dos lutadores. Mestre Sang Min Cho não foi o único a ser desafiado por algum mestre, professor ou praticante de alguma arte marcial. Os mestres e alunos da Academia Liberdade, fundada por Sang Min Cho também foram desafiados por lutadores das mais diversas artes marciais durante muitos anos, até mesmo pela proximidade com outras academias situadas no mesmo bairro.

Segundo relata o médico e faixa-preta 2º *dan*, Osvaldo Américo Castrignano de Oliveira — um dos primeiros alunos da Academia Liberdade no início dos anos 1970 —, eram comuns os desafios aos mestres coreanos. Nessa época, mestre Kun Joon Kwon, cunhado de Sang Min Cho, e mestre Sang In Kim davam aulas na Academia Liberdade, auxiliando o mestre Cho. Pouco tempo depois da chegada do primeiro grupo de mestres coreanos, do qual mestre Kwon fazia parte, dois professores de Caratê foram à academia com o propósito de desafiar qualquer mestre coreano que encontrassem.

Além dos dois mestres coreanos, apenas Osvaldo estava na academia durante o incidente. Naquele momento, mestre Sang In Kim estava treinando, chutando um pesado saco de pancadas, enquanto mestre Kwon estava sentado no chão, de pernas cruzadas e olhos fechados, meditando na tradicional posição de lótus. Os desafiantes começaram a provocar mestre Sang In Kim, que revidou a provocação verbalmente, enquanto o mestre Kwon continuava a meditar serenamente.

Sem nenhuma reação de raiva aparente, sem sair da posição em que estava e sem ao menos abrir seus olhos, mestre Kwon disse: "Podem lutar. Quem ganhar, luta comigo depois". A demonstração de confiança inabalável e a seriedade do mestre fizeram com que os desafiantes desistissem de qualquer combate. Isso prova uma das máximas das artes marciais orientais que diz: "A melhor forma de combate é não haver combate algum". Todos saíram ganhando!

Naquela época, a Academia Liberdade ficava em um pequeno prédio, sem elevador. No térreo havia um pequeno mercado; no primeiro andar, uma academia de Caratê; no segundo andar, a Academia Liberdade de Taekwondo e, no terceiro e último andar, uma academia de Judô. Aquele prédio era uma prova de que as artes marciais, com toda a sua diversidade, podem conviver pacífica e produtivamente. Os mestres das três academias dividiam o mesmo espaço, sem nunca ter havido confrontos, apenas pequenas disputas esporádicas entre alunos, normalmente crianças ou adolescentes. Essas eventuais brigas eram firmemente desencorajadas e até mesmo punidas pelos mestres.

> Para os orientais, o *Ki* é o fator decisivo em qualquer combate. Uma pessoa com o *Ki* fraco, não consegue vencer nenhuma luta. Por outro lado, uma pessoa com um *Ki* muito elevado, consegue vencer mesmo sem entrar em combate.

A mudança da ITF para a WTF

QUANDO SANG MIN CHO VEIO para o Brasil em 1970, era filiado à International Taekwondo Federation (ITF) do general Choi Hong Hi. Até então, a World Taekwondo Federation (WTF) ainda não havia sido criada, e todos os praticantes e mestres de Taekwondo eram ligados à Korea Taekwondo Association (KTA) ou à ITF. Por essa razão, todo o Taekwondo brasileiro, no início, estava ligado à ITF.

Depois da criação da WTF, em 1973, a cúpula da nova entidade coreana passou a assediar o mestre Sang Min Cho, assim como muitos outros mestres coreanos filiados à ITF em vários países, para que deixassem a entidade do general Choi e se filiassem à WTF.

Mestre Cho não gostou desse procedimento, pois era um discípulo direto do general Choi. A nova cúpula do Taekwondo fazia muita pressão sobre Sang Min Cho, alegando que o general era um comunista, pois tinha forte ligação com a Coreia do Norte.

Constantemente pressionado, Sang Min Cho não sabia mais o que fazer. O governo da Coreia do Sul, nos anos 1970, ainda era uma ditadura militar muito "pesada". Os métodos de persuasão utilizados eram típicos de governos ditatoriais. Un Yong Kim, então presidente da WTF e diretamente ligado ao presidente da Coreia do Sul, Chung Hee Park, era o responsável pela pressão exercida sobre os mestres de Taekwondo que não queriam se filiar à sua entidade. Com a força do governo coreano, as ações de Un Yong Kim eram sempre ameaçadoras. Com isso, muitos mestres coreanos estabelecidos no Brasil começaram a ceder, filiando-se à WTF.

General Choi Hong Hi, idealizador do Taekwondo moderno, em seu gabinete, na presidência da International Taekwondo Federation (ITF).

A partir de 1975, as pressões se acirraram contra mestre Sang Min Cho e todos os mestres coreanos filiados à ITF, enviados para difundir o Taekwondo. Isso porque uma decisão muito importante tomada conjuntamente pelo governo sul-coreano e pela WTF comandada por Un Yong Kim, colocava nos planos para um futuro próximo, a inserção do Taekwondo nos Jogos Olímpicos.

Por contar com o apoio incondicional do governo da Coreia do Sul, a WTF era a única entidade ligada ao Taekwondo que poderia alcançar esse objetivo. O grande obstáculo, na época, era que grande parte de mestres e praticantes de vários países era filiada à ITF, e isso seria um enorme entrave às pretensões do governo de Seul.

Para o mestre Sang Min Cho, tanto a ITF quanto a WTF eram entidades que representavam legitimamente o Taekwondo coreano. Ele acreditava que, com a criação da WTF em 1973, fosse possível a unificação do Taekwondo, tese que defende até os dias de hoje.

O período durante o qual Sang Min Cho foi duramente pressionado pela WTF e pelo próprio governo sul-coreano, através do consulado e da embaixada, foi uma das fases mais difíceis de sua vida. Foram cerca de dois anos lutando para se manter fiel ao general Choi e à sua entidade, a ITF. Foi uma fase tão estressante que o fez até mesmo cogitar em parar de trabalhar com o Taekwondo para se afastar de todos aqueles problemas.

Os membros do consulado pressionavam mestre Cho, alegando que sua ligação com o general Choi era perigosa e antipatriótica, que ele seria considerado um traidor com fortes ligações com a Coreia do Norte. Sang Min Cho, pelo que conhecia do general e pela admiração que cultivava por seu mestre, não acreditava. Se essas afirmações fossem verdadeiras, ele se veria na obrigação de concordar com aqueles que o pressionavam.

Entretanto, com a insistente negação de Sang Min Cho às pressões diplomáticas, a estratégia dos membros do consulado mudou. Começaram as visitas de coreanos ao Brasil com a missão de coagir os mestres que aqui se encontravam. Então, Sang Min Cho e os outros mestres que ainda não haviam migrado para a WTF passaram a sofrer ameaças diretas. Para mestre Cho, a preocupação com a segurança de sua família aqui no Brasil tornou-se uma constante em sua vida. Além disso, ele tomou conhecimento de que parte de sua família, que havia ficado na Coreia, também estava sendo ameaçada. Amigos e parentes eram sumariamente demitidos de seus empregos e não conseguiam ocupações compatíveis com as anteriores. Além disso, havia também uma pressão psicológica, com ameaças e acusações.

No início de 1975, mestre Sang Min Cho recebeu do general Choi a graduação de faixa-preta 7º *dan*, com o certificado da ITF. Nesse período, a pressão sobre Sang Min Cho e sua família se intensificou tanto que, ainda no primeiro semestre do ano, ele acabou optando pela filiação à WTF.

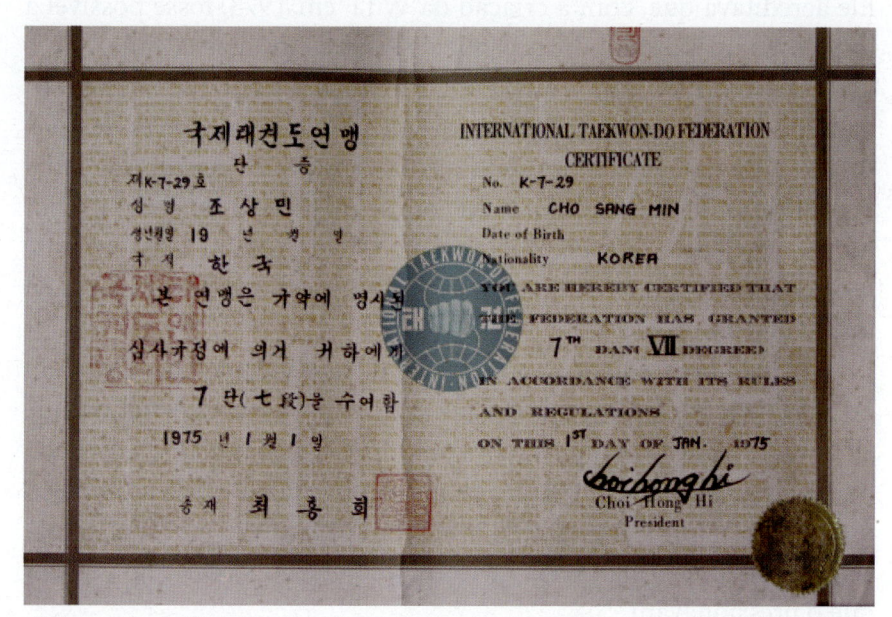

Último certificado de faixa-preta 7º *dan*, emitido pela ITF, entidade comandada pelo general Choi Hong Hi, em janeiro de 1975.

O principal motivo de se desvincular do general Choi Hong Hi foi um vídeo enviado pela agência de inteligência da Coreia do Sul, a KCIA. O vídeo mostrava o general Choi conversando com o então ditador da Coreia do Norte, Il Sung Kim. A imagem foi um "banho de água fria" para o mestre coreano que, durante muitos anos, refutou completamente as acusações de que o general Choi Hong Hi seria um traidor da Coreia do Sul e que estaria se aproximando do regime do ditador da Coreia do Norte.

Depois de ver as imagens, Sang Min Cho escreveu uma carta para o general Choi dizendo que o admirava e o respeitava. Dizia, também, que compreendia o seu desejo de ensinar o Taekwondo na Coreia do

Norte, até mesmo pelo fato de o general ter nascido em uma cidade norte-coreana, quando a península ainda era unificada. Entretanto, Sang Min Cho disse ao seu mestre que lamentava, mas não poderia compactuar com a ideologia comunista e, por essa razão, se via na obrigação de romper com o general e com a ITF.

Pouco tempo depois, ao visitar a Argentina, o general Choi tentou novamente vir ao Brasil. Porém, dessa vez, sem o auxílio de Sang Min Cho, não conseguiu entrar no país.

Mesmo migrando para a WTF, Sang Min Cho continuou ensinando o estilo de Taekwondo da ITF, mantendo todos os movimentos, chutes, socos, defesas e sequências de movimentos (*hyongs*). Ele acreditava no estilo que havia ajudado a criar e que incorporava a essência das mais importantes artes marciais milenares da Coreia.

Quando informou às autoridades coreanas no Brasil a sua disposição de se filiar à WTF, imediatamente Sang Min Cho recebeu um convite da embaixada para que fosse à Coreia em uma visita oficial à entidade coreana e ao seu presidente Un Yong Kim. Com a sua filiação à WTF, todas as pressões sob Sang Min Cho acabaram. Aqueles que perderam seus empregos devido à perseguição ao mestre, inclusive os de sua família, voltaram ao trabalho. Foi um alívio para Sang Min Cho, uma sensação de "tirar um peso dos ombros".

Ainda em 1975, Sang Min Cho começou a ter uma participação ativa na WTF. Em agosto, voltou à Coreia pela primeira vez para participar do 2º Seminário Internacional para Árbitros, quando se encontrou com o então presidente da WTF, Un Yong Kim.

Na ocasião, Sang Min Cho expressou ao presidente a sua vontade de que o Taekwondo fosse reunificado e que a WTF aceitasse a qualidade técnica criada pelo general Choi, mesmo que ele não fosse mais bem visto na Coreia do Sul. Ele alegava que o Taekwondo foi criado na Coreia do Sul não só pelo general Choi, mas também por Nam Tae Hi e por ele mesmo, além da contribuição de outros mestres. Un Yong Kim disse para o mestre Cho que se esforçaria para que isso acontecesse. Entretanto, pouco ou nada fez para a unificação do Taekwondo.

Durante esse encontro, o presidente da WTF perguntou para Sang Min Cho qual *Kwan* (estilo) ele seguia. Mestre Cho disse que ensinava o estilo *Chung Do Kwan*, mas que, no Brasil, ninguém falava em *Kwans* e que havia apenas o Taekwondo coreano, o que deveria acontecer em todo o mundo. Para Un Yong Kim a decisão de Sang Min Cho de se filiar à WTF seria histórica para a entidade e, principalmente, para o Taekwondo brasileiro.

Certificado de participação no 2º Seminário Internacional de Árbitros realizado pela World Taekwondo Federation (WTF), emitido em 28 de agosto de 1975.

Un Yong Kim mostrou-se preocupado com a organização e a hierarquização do Taekwondo no Brasil, pois estava muito descontente com a organização da arte marcial coreana nos Estados Unidos. Disse a Sang Min Cho que, por falta de uma liderança mais forte, ainda não havia entidades do Taekwondo comandadas por coreanos naquele país. Na prática, a maioria das graduações era registrada por mestres de Judô, que administravam entidades reconhecidas pelo governo americano, como uma alternativa paliativa à criação de entidades puramente do Taekwondo. Os mestres de Judô ainda eram os responsáveis pela solicitação dos diplomas de graduação emitidos pelo Kukkiwon, entidade coreana ligada à WTF, responsável pela emissão de todos os diplomas de graduação da federação.

Para o então presidente da WTF, essa distorção deveria ser rapidamente corrigida nos Estados Unidos e não poderia acontecer algo semelhante no Brasil. Para isso, contava com a liderança forte de Sang Min Cho. Ambos concordaram que a credibilidade dos *dans* emitidos pelo Kukkiwon dependeria de um controle mais rígido das graduações no Brasil.

Encontro dos representantes de todos os países que participariam do 2º Campeonato Mundial de Taekwondo, em Seul, Coreia, 1975. Mestre Cho foi o primeiro representante do Brasil em um campeonato mundial.

A partir desse primeiro encontro entre o mestre Sang Min Cho e o então presidente da WTF, Un Yong Kim, toda comunicação feita entre Sang Min Cho e a WTF era feita diretamente com o presidente da entidade. Quanto à administração do Taekwondo no Brasil, Un Yong Kim disse que sempre respeitaria as decisões de mestre Cho, o que, de fato, aconteceu.

Nessa viagem à Coreia, depois de cinco anos fora do país natal, Sang Min Cho reencontrou sua mãe. Apesar da felicidade em revê-la, mestre Cho também se sentiu envergonhado porque mal se despediu dela ao deixar a Coreia para ir morar no Brasil, e, ainda por cima, estava voltando sem ter "vencido" na vida. Pelo menos, era assim que ele se sentia: uma pessoa lutando com todas as forças por um lugar ao sol, mas que até aquele momento ainda não havia realizado nenhuma conquista. Para os coreanos, essa situação pode ser considerada ofensiva, até mesmo uma desonra.

Depois que retornou ao Brasil, após essa histórica visita e a aliança com a WTF, mestre Cho passou a ser visto, em nosso país, de maneira diferente por aqueles que o acusavam por manter relações com a ITF e com o general Choi. Todos os que o acusaram, até mesmo os que cortaram relações com Sang Min Cho em vista de sua aliança com a WTF, foram até ele para se desculpar e, novamente, se colocar à disposição do mestre.

Com isso, novamente sendo apoiado pela maioria dos mestres coreanos no Brasil, Sang Min Cho pôde planejar a divulgação sistemática do Taekwondo no país, enviando mestres para os mais diversos estados e cidades. Sem a força de uma federação formal de Taekwondo, Sang Min Cho contou com os esforços individuais de todos os mestres. Nessa época, o Taekwondo era, oficialmente, apenas uma modalidade esportiva integrante da Confederação Brasileira de Pugilismo. Essa foi uma alternativa paliativa para que a arte marcial coreana fosse vista de maneira oficial no Brasil.

Em setembro de 1975, Sang Min Cho recebeu a sua primeira graduação oficial pela WTF: o diploma de grão-mestre, faixa-preta 7º *dan*, validando a graduação que o mestre já havia recebido na ITF. No ano seguinte, em 1976, assumiu seu primeiro cargo oficial na entidade, o de membro do comitê financeiro. Sua mudança para a WTF já era irreversível naquele momento.

Em agosto de 1977, mestre Sang Min Cho organizou e ministrou no Brasil um seminário de grande importância para todos os principais mestres coreanos radicados no país. Por ter participado do Seminário Internacional de Árbitros da WTF na Coreia, mestre Cho ficou incumbido de fazer a adaptação e a atualização dos mestres coreanos no Brasil, pois, naquela ocasião, todos já haviam migrado para a WTF.

Primeiro certificado oficial de faixa-preta 7º *dan*, emitido pela World Taekwondo Federation (WTF), para Sang Min Cho, em 26 de setembro de 1975.

Esse evento teve uma característica de grande importância política para Sang Min Cho. Foi sua ratificação oficial como mestre de maior prestígio e líder do Taekwondo brasileiro. Sua liderança, à partir daí, não seria mais questionada por nenhum dos mestres coreanos radicados no Brasil. Da mesma forma que o general Choi Hong Hi enviou o mestre Cho indicado pela ITF para conduzir a implantação oficial da arte marcial coreana no Brasil, esse seminário, em 1977, serviu para consolidar Sang Min Cho na liderança do Taekwondo brasileiro, desta vez, com o aval da WTF e seu então presidente, Un Yong Kim.

O evento aconteceu na academia do mestre Cho, na Rua Martim Francisco, em São Paulo. Eram trinta participantes e, com exceção de três faixas-pretas 3º *dan*, todos os demais eram mestres com graduação de faixa-preta 4º *dan* ou acima. Na época, apenas os mestres Sang Min Cho e Woo Jae Lee contavam com a graduação de faixa-preta 7º *dan*.

Os participantes foram (com suas respectivas graduações da época): Woo Jae Lee (7º *dan*), Kun Joon Kwan (6º *dan*), Kwang Su Shin (6º *dan*), Gun Mo Bang (6º *dan*), Sang In Kim (6º *dan*), Yong Min Kim (6º *dan*), Yong Nam Choi (6º *dan*), He Sup Lee (5º *dan*), Kyong Lyul Her (6º *dan*), Bong Suh Park (6º *dan*), Kyu Chull Shim (6º *dan*), Jul You Kim (6º *dan*), Tae Bo Lee (6º *dan*), Jun Shik Choi (5º *dan*), Jung Hwang Oh (5º *dan*), Ke Joon Lee (5º *dan*), Chang Sun Im (5º *dan*), Byung Chul Chang (5º *dan*), Chong Chan Byun (5º *dan*), Jung Do Im (5º *dan*), Sun Myung Choi (4º *dan*), Yong Man Kim (4º *dan*), Kyung Su Han (4º *dan*), Myung Su Han (3º *dan*), Ku Han Kim (3º *dan*) e Yong Hwan Park (3º *dan*).

Esse seminário foi concebido especialmente para padronizar a arbitragem, já visando o campeonato brasileiro que aconteceria em novembro de 1977. Acredita-se que esse tenha sido um dos eventos que mais reuniu mestres coreanos na história do Taekwondo brasileiro.

Em 1980, aconteceu um fato que deixou mestre Cho perplexo e decepcionado. O general Choi Hong Hi foi para a Coreia do Norte para implantar o Taekwondo naquele país, especialmente nas forças armadas do inimigo comunista. Esse fato mudou sua maneira de pensar em relação ao criador do Taekwondo, aumentando sua convicção em se manter afastado da ITF.

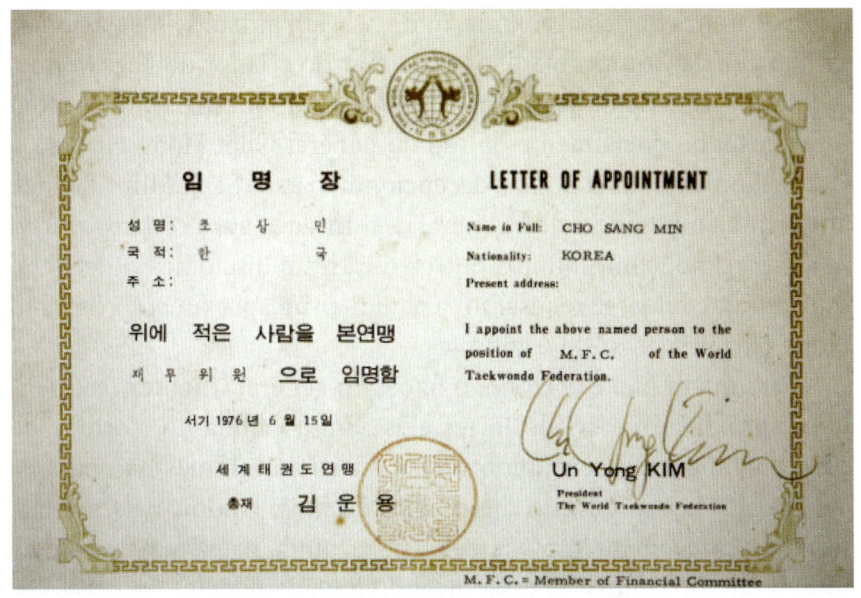

Carta de nomeação de mestre Sang Min Cho como membro do comitê financeiro da WTF – World Taekwondo Federation, emitida em 15 de junho de 1976.

Em setembro daquele ano, o general Choi levou um grupo de lutadores para realizar uma grande demonstração e iniciar o processo de implantação oficial do Taekwondo na Coreia do Norte. No início de 1981, a arte marcial criada na Coreia do Sul passava a ser ensinada, regularmente, na Coreia do Norte.

Sobre a ida do general Choi para a Coreia do Norte, mestre Cho avalia: "Eu acredito que a decisão do general Choi enfraqueceu a ITF naquela época. Muitos mestres e instrutores teriam continuado leais ao general se ele não tivesse ido para a Coreia do Norte. Além disso, no final da década de 1970, a WTF ainda era muito fraca na América do Sul, embora a importância da federação coreana crescesse com muita força a partir de 1980. Se o general Choi não tivesse ido para a Coreia do Norte nessa época, a ITF poderia ter se fortalecido com o fim do governo militar coreano e, possivelmente, voltado à Coreia do Sul para uma fusão com a WTF".

Mestre Sang Min Cho sempre teve uma foto do general Choi no lugar de honra da sua academia, onde ficavam as bandeiras nacionais do Brasil e da Coreia do Sul, por se tratar do criador do Taekwondo. A foto foi retirada da parede em 1980, quando mestre Cho e todo o mundo soube oficialmente da ida do general Choi Hong Hi para a Coreia do Norte. Essa notícia decepcionou não só Sang Min Cho, que ainda tinha esperanças de o general desistir da aliança com o governo norte-coreano, como muitos outros mestres e discípulos do general que, durante anos, se recusaram a acreditar na aproximação de Choi Hong Hi com o vizinho comunista.

Para quem não é coreano, o fato de o general Choi ter realmente se aproximado e criado fortes elos com a Coreia do Norte pode parecer um evento com importância questionável, mas não para os sul-coreanos. Isso porque, até os dias de hoje, os dois países estão, tecnicamente, em guerra. Naquela época, ainda havia o agravante de todo o mundo capitalista estar vivendo uma verdadeira "caça aos comunistas", especialmente em países com governos de extrema direita, caso específico das ditaduras da Coreia do Sul e do Brasil.

Sob este prisma, mestre Sang Min Cho recebeu a notícia de que o general Choi havia levado um grupo seleto de mestres para uma demonstração de Taekwondo na Coreia do Norte. A viagem significou, para todos, a confirmação de que o general estava assumindo publicamente tudo aquilo de que havia sido acusado por muitos anos.

Segundo mestre Sang Min Cho, a ITF é uma entidade que poderia estar sediada em qualquer lugar ou se relacionar com qualquer país do mundo. Mas a ida do general e da ITF para a Coreia do Norte era uma situação inconcebível.

O Taekwondo foi criado pelo general Choi na Coreia do Sul, com a ajuda dos sul-coreanos, como o próprio Sang Min Cho, com o intuito de ser divulgado em todo o mundo. "É o Taekwondo sul-coreano e não norte-coreano!", dizia Sang Min Cho na época. A ida do general Choi para a Coreia do Norte transformou uma simples disputa entre as duas maiores entidades do Taekwondo no mundo em uma grave situação política.

Depois desse episódio, muitos mestres que ainda se mantinham fiéis ao general se afastaram espontaneamente dele e da ITF. Era isso o que o governo da Coreia do Sul e a WTF sempre quiseram e esperaram por tantos anos. Nessa época, aliás, o ditador Chung Hee Park já não era mais o presidente da Coreia do Sul, pois havia morrido, assassinado em 1979.

Un Yong Kim continuou à frente da WTF com o apoio do governo do presidente interino Kyu Ha Choi e do presidente eleito Doo Hwan Chung, que governou de 1980 a 1988, ano da primeira participação do Taekwondo nos Jogos Olímpicos realizados na capital coreana, Seul, em meados de 1988.

Nessa época, a supremacia do Taekwondo WTF já era incontestável. A ITF, mesmo sob o comando do general Choi, transformou-se em uma pequena entidade de artes marciais sem maior expressão se comparada à potência mundial na qual se transformou a WTF — agora a única representante oficial do Taekwondo coreano ligada diretamente ao Comitê Olímpico Internacional (COI), com um orçamento anual de valor comparável ao das maiores modalidades olímpicas.

Passadas décadas desde a polarização do Taekwondo WTF e ITF, e com a morte do general Choi, em 2002, mestre Sang Min Cho vem trabalhando de maneira sistemática na tentativa de criar condições políticas e técnicas para que, finalmente, seja feita a unificação do Taekwondo em torno de apenas uma entidade e de um currículo único.

Segundo o mestre, seus esforços estão voltados para que os conceitos iniciais da arte marcial, preconizados pelo general Choi e pelos mestres que o ajudaram a criar e estruturar o Taekwondo, entre eles o próprio Sang Min Cho, sejam incorporados ao Taekwondo moderno, WTF. Isso só traria benefícios para a modalidade e seus praticantes.

> Se o general Choi não tivesse ido para a Coreia do Norte nessa época, a ITF poderia ter se fortalecido com o fim do governo militar coreano e, possivelmente, voltado à Coreia do Sul para uma fusão com a WTF.

Indo para os Estados Unidos

DEPOIS DE DEZOITO ANOS TRABALHANDO no Brasil pelo Taekwondo, Sang Min Cho teve uma oportunidade única: foi convidado para trabalhar na organização da competição de Taekwondo nos Jogos Olímpicos de Seul. A primeira participação da arte marcial coreana como modalidade olímpica era a realização de um sonho para a maioria dos mestres e praticantes do Taekwondo no mundo inteiro. Foi uma honra para mestre Cho a oportunidade de participar desse momento histórico.

No período que precedeu aos jogos de Seul, Sang Min Cho foi convidado para conduzir a tocha olímpica durante um trecho do trajeto, no sul da Coreia. Entretanto, um grave problema de saúde o levou a uma cirurgia de emergência e o obrigou a declinar da honra e do prazer de poder conduzir o maior símbolo das Olimpíadas, desde os primeiros jogos na Grécia antiga.

Apesar de gratificante, seu envolvimento com os Jogos Olímpicos também foi muito cansativo e desgastante. Quando retornou ao Brasil, após as Olimpíadas de Seul, Sang Min Cho reassumiu suas tarefas normais, ligadas ao Taekwondo. Viajava muito e já se sentia desgastado por suas atividades. Seu cansaço físico e mental foi tanto que decidiu tirar umas férias, afastando-se dos problemas diários. Na ocasião, foi para a cidade de Santos, no litoral paulista.

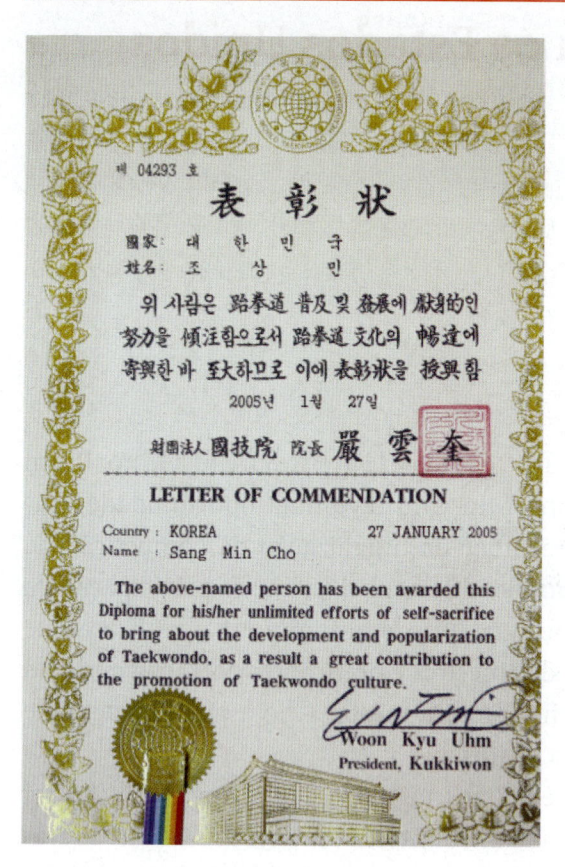

Certificado emitido pelo Kukkiwon, em reconhecimento pelo importante papel do grão-mestre Sang Min Cho no desenvolvimento e popularização do Taekwondo em todo o mundo, emitido em 27 de janeiro de 2005.

Foi um período de reflexão. Mestre Cho estava convencido de que seu trabalho na introdução e divulgação do Taekwondo no Brasil já estava acabado e que a arte marcial coreana já estava devidamente consolidada no país. Além disso, dezenas de mestres, em todo o Brasil, já trabalhavam incansavelmente pelo crescimento do Taekwondo.

Seus jovens cunhados, Yeo Jun Kim e Yeo Jin Kim, estavam em plena atividade e eram duas das vozes mais atuantes no Taekwondo brasileiro da época. Sang Min Cho sabia que eles dariam continuidade ao seu trabalho e ele poderia, até certo ponto, conduzir e direcionar os esforços dos irmãos Kim para o constante fortalecimento da modalidade no Brasil.

Como sempre teve o sonho de morar e trabalhar nos Estados Unidos, essa possibilidade o atraía cada vez mais. Nessa época, a maioria dos mestres coreanos que tinha vindo para o Brasil, após mestre Cho, já havia se mudado para a América do Norte, mais especificamente para a Costa Oeste. Com isso, muitos convites para a mudança apareciam constantemente, o que ajudou na decisão de mudar-se para Los Angeles, com toda a família. Os mestres coreanos estabelecidos nos Estados Unidos o convidavam para dar aulas naquele país.

Em 1988, sua esposa Bo Sun Kim e seu filho Alexandre, na época com 15 anos, foram passear nos Estados Unidos. Gostaram muito de Los Angeles e pediram ao mestre Cho que se mudassem para lá. Como havia muitos convites e ofertas de possíveis negócios ligados ao Taekwondo, Sang Min Cho decidiu deixar o Brasil e virar mais uma página de sua vida. Ir para os Estados Unidos e recomeçar a vida, porém em condições muito superiores àquelas de quando chegou ao Brasil, seria um desafio e a promessa de um futuro melhor.

Mestre Cho relata que sempre foi muito bem recebido e tratado pela colônia coreana no Brasil e credita ao país o fato de ter criado um forte nome no Taekwondo brasileiro e mundial. Deixaria muitos amigos aqui, mas também acreditava que poderia contribuir com o Taekwondo dos Estados Unidos.

Tomada a decisão, Sang Min Cho procurou o consulado americano em São Paulo e informou seu desejo de morar definitivamente nos Estados Unidos, com a intenção de trabalhar com o Taekwondo. Seu impressionante currículo e o aval do consulado coreano fizeram com que ele recebesse o *green card*, um documento com visto permanente que permite ao portador usufruir de todos os direitos de cidadania americana.

A concessão do disputadíssimo documento mostra que o consulado dos Estados Unidos estava convencido de que alguém com a capacidade de Sang Min Cho só contribuiria com o Taekwondo Americano, engrandecendo a modalidade naquele país.

No final de 1988, Sang Min Cho mudou-se com a família para os Estados Unidos da América, fixando residência na cidade de Los Angeles, no estado da Califórnia. Logo que se estabeleceu, mestre Cho recebeu um convite para dar aulas no estado de Oklahoma, região central dos Estados Unidos. Sua família, no entanto, não gostou da ideia da mudança, pois preferia permanecer em Los Angeles.

Mestre Cho, aos 68 anos, executando um chute lateral, saltando com os dois pés. Foto para a matéria publicada na revista inglesa *Taekwondo & Korean Martial Arts Magazine*, sobre o mestre Sang Min Cho.

Como decidiu ficar em Los Angeles, mestre Cho acabou indicando outro mestre coreano, Yi Sop Lee, para assumir as aulas em

Oklahoma. Em seguida, Sang Min Cho participou da criação de um grupo de Taekwondo universitário, na cidade de Berkeley, próxima a São Francisco. Mestre Cho teve um papel determinante nesse grupo, conduzido por mestres coreanos. Ele já conhecia a Universidade de Berkeley, pois esteve lá como chefe da equipe brasileira no 1º Campeonato Mundial Universitário de Taekwondo, realizado em novembro de 1986.

Durante esse período, depois de realizar uma série de exames médicos, Sang Min Cho recebeu o diagnóstico de pneumonia. Desde muito antes de sua viagem, quando passou as férias em Santos-SP, mestre Cho já estava se sentindo demasiadamente cansado, o que o diagnóstico revelou tratar-se do início da infecção.

Ele ficou internado em um posto de saúde em Los Angeles por alguns dias. Depois da internação, retornou a sua casa para descansar e completar o ciclo de tratamento da doença. Sua esposa, Bo Sun Kim, muito preocupada, pediu ao marido que parasse de treinar, pois temia pela sua saúde.

Como a família havia aberto uma empresa de confecção em Los Angeles, administrada por Bo Sun, mestre Cho poderia, se quisesse, encerrar definitivamente as atividades ligadas ao Taekwondo, como muitos outros mestres coreanos que também se estabeleceram nos Estados Unidos. E foi o que ele realmente fez.

Alguns anos depois, com a maciça entrada de produtos chineses no mercado dos Estados Unidos, as confecções estabelecidas no país, como a da família Cho, sentiram o impacto negativo nas vendas. Por essa razão, Sang Min Cho e seu filho Alexandre iniciaram um novo negócio no setor da construção civil, que funcionava paralelamente à confecção, ainda administrada por Bo Sun. O novo negócio garantiu a estabilidade financeira em um patamar muito acima do que a família estava acostumada, quando a única fonte de renda era a confecção.

Durante sete anos, Sang Min Cho ficou totalmente afastado do Taekwondo nos Estados Unidos. Com o passar do tempo, mestre Cho começou a refletir sobre sua vida. Percebeu que, por ter treinado e se dedicado ao Taekwondo durante a maior parte de sua vida, todas as vezes em que ouvia falar de eventos ou de qualquer atividade ligada à arte marcial coreana, sentia vontade de participar. Contudo, durante o período no qual se afastou oficialmente do Taekwondo, continuou treinando de maneira moderada, sozinho, apenas para manter-se em forma e garantir sua saúde física e mental.

Mestre Cho, aos 68 anos, executando um chute frontal com salto. Foto para matéria publicada na revista inglesa *Taekwondo & Korean Martial Arts Magazine*, sobre o mestre Sang Min Cho.

Os constantes convites para ensinar e participar na organização de eventos e entidades ligadas ao Taekwondo contribuíram muito para o desejo de Sang Min Cho retornar, participando ativamente do Taekwondo na América do Norte e no mundo. Os mestres dos Estados Unidos diziam que não havia outro mestre com o mesmo histórico no Taekwondo.

Mesmo que a ITF não tenha conseguido grande destaque no cenário mundial, o fato de Sang Min Cho ter criado alguns dos *hyongs* (*poomses*) e ter trabalhado e participado com o general Choi da própria criação do Taekwondo na Coreia, eram diferenciais que não podiam ser ignorados por praticantes e mestres nos Estados Unidos.

No ano de 2005, mestre Cho retornou ao mundo do Taekwondo, integrando a American Mexican Taekwondo Association (AMTA – Associação de Taekwondo dos Estados Unidos e México), entidade ligada à WTF. Com o cargo de presidente honorário, Sang Min Cho imprimiu sua marca no Taekwondo dos Estados Unidos e da América Latina.

Sua atuação no quadro político do Taekwondo mundial se intensificava cada vez mais, à medida que conquistava maior influência junto à WTF. Ainda no ano de 2005, mestre Cho apresentou um projeto ambicioso à entidade, para a geração de fundos. A ideia havia nascido alguns anos antes, no Brasil, na antiga UBT (União Brasileira de Taekwondo), entidade comandada pelos mestres Yeo Jun Kim e Yeo Jin Kim e que deu origem à atual Liga Nacional de Taekwondo (LNT).

Depois de idealizar o projeto, Sang Min Cho contou com o auxílio de um de seus alunos do estado do Texas, nos Estados Unidos. Esse aluno foi responsável por uma apresentação que impressionou a cúpula da WTF.

O projeto apresentado por Sang Min Cho ao presidente da WTF, Dr. Chung Won Choue, que se tornou seu amigo, previa a criação de um cartão de benefícios para os filiados da WTF, pelo qual o praticante pagaria uma taxa anual, podendo usufruir de benefícios, como ter seu cadastro unificado em todas as entidades ligadas à WTF, facilitando a participação em eventos e campeonatos, a unificação do *ranking*, além de benefícios adicionais. Depois de avaliada e adaptada à realidade da WTF, a ideia foi colocada em prática, originando o *WTF Global Membership Card* ou *WTF Global Membership System* (GMS), que está revolucionando a entidade.

A base desse ambicioso projeto é um software de gestão dos participantes do programa *Global Membership System*. A eficiência do *software* utilizado precisava ser confiável, pois com mais de 70 milhões de praticantes de Taekwondo em todo o mundo, o número de participantes do GMS deveria chegar à casa das dezenas de milhões.

Nessa mesma época, Sang Min Cho iniciou uma fase de grande importância na sua trajetória do Taekwondo, dando início a um projeto audacioso, um sonho pessoal, ao qual passou a se dedicar integralmente: a unificação do Taekwondo mundial, ou seja, a integração da ITF à WTF.

Para dar força ao projeto, Sang Min Cho participou da criação da World Taekwondo Alliance – WTA (Aliança Mundial de Taekwondo). Essa nova entidade, também criada em 2005, teve como propósito localizar e filiar o maior número possível de mestres pioneiros do Taekwondo, destacando os mestres Nam Tae Hi e o próprio Sang Min Cho, os dois personagens mais importantes na criação do Taekwondo, depois do seu grande idealizador, general Choi.

A WTA foi subdividida para atender às diversas áreas do mundo. Mestre Cho tornou-se o presidente do setor pan-americano, enquanto mestre Nam Tae Hi assumiu como presidente mundial honorário.

Com o passar do tempo, mais de trinta mestres coreanos pioneiros, entre outros de diversas nacionalidades com papel de destaque no início do Taekwondo, tornaram-se membros da WTA.

Quando as competições começaram a ser realizadas, tanto competidores ligados à WTF quanto os ligados à ITF puderam participar. O número de participantes e de academias filiadas — fossem da WTF ou da ITF —, cresceu em diversos países.

Atualmente, a World Taekwondo Alliance já conta com grande prestígio junto às duas federações. A WTF, que poderia ser o maior entrave às tentativas de unificação, já deu um grande passo ao reconhecer a WTA como entidade oficial ligada à própria WTF. Atualmente, Sang Min Cho, o presidente regional, e mestre Nam Tae Hi, o presidente de honra, estão juntos trabalhando por um ideal que talvez nunca seja atingido, mas com a disposição de verdadeiros guerreiros. Mestre Cho e os demais mestres pioneiros da WTA permanecerão nessa luta sem descanso, sempre com o seu ideal à frente.

Mestre Cho, aos 62 anos, numa demonstração durante o Brazil Open, atual Brazil Taekwondo Games, um dos maiores eventos anuais do Taekwondo brasileiro. Mesmo morando nos Estados Unidos, Sang Min Cho continua a prestigiar e influenciar o Taekwondo brasileiro.

Para o general Choi Hong Hi, a unificação do Taekwondo seria uma atitude emblemática para as duas Coreias. Como nos dias de hoje o Taekwondo ITF é visto como o "Taekwondo da Coreia do

Norte", a unificação das duas entidades poderia ser uma prévia ou uma confirmação da unificação das duas Coreias. Essa visão é compartilhada por muitos mestres e praticantes do Taekwondo na Coreia do Sul e em todo o mundo.

Para mestre Cho, nesse tipo de iniciativa, o desejo de realizar mudanças profundas e sinceras nas bases do Taekwondo só será bem-sucedido se for realizado por pessoas totalmente desinteressadas. Quem tiver a intenção de obter algum lucro, simplesmente não terá a credibilidade necessária para conduzir um trabalho como esse.

Mestre Sang Min Cho recebe o prêmio de reconhecimento pelos serviços prestados ao Taekwondo mundial, numa cerimônia na sede da World Taekwondo Federation (WTF), em Seul, na Coreia, em 27 de agosto de 2007. Mestre Cho é o segundo da esquerda para a direita e, ao centro, Dr. Chungwon Choue, presidente da WTF.

Um projeto de tal magnitude não pode e não deve ser utilizado como estratégia de marketing pessoal, promoção política, divulgação de academias ou simplesmente por uma questão de ego. Sem a credibilidade necessária, professores, mestres e dirigentes ligados ao Taekwondo não irão aderir às mudanças propostas. O trabalho de conscientização, segundo Sang Min Cho, precisa ser uma iniciativa desinteressada, para que seja possível vencer a desconfiança e mudar a mentalidade de mestres e professores em todo o mundo. Esse é o caminho proposto por mestre Cho e os mestres pioneiros, membros da WTA, para viabilizar a unificação do Taekwondo coreano.

> O desejo de realizar mudanças profundas e sinceras nas bases do Taekwondo, só será bem-sucedido se for realizado por pessoas totalmente desinteressadas.

Como Sang Min Cho vê o Taekwondo atual

MESTRE CHO AFIRMA QUE, PARA o fortalecimento do Taekwondo, é preciso que lideranças genuínas e competentes estejam à frente das entidades mundiais e regionais. Seu conceito de liderança é baseado na capacidade de definir e perseguir objetivos. Sang Min Cho avalia que a maioria das lideranças do Taekwondo acaba por se desviar dos objetivos principais e se perde. Para que os líderes tenham credibilidade, é necessário que sejam pessoas de caráter e com grande senso de responsabilidade. A valorização do lado humano também é uma das características mais marcantes dos bons líderes.

Para mestre Cho, além das deficiências de muitas lideranças, o Taekwondo olímpico é "muito chato, desinteressante e tedioso de assistir", tanto para os praticantes, quanto para o público em geral. Ele acredita que a maioria das pessoas não gosta de assistir a esse tipo de luta por considerar "cansativa" e sem emoção. A própria WTF, há tempos, já concordou que seriam necessárias mudanças nas regras das competições. Sang Min Cho sugeriu ou apoiou as últimas modificações nas regras de pontuação dos chutes.

Por ter um papel atuante junto à WTF, Sang Min Cho está se empenhando para conseguir mudanças mais profundas, entre elas a obrigatoriedade dos lutadores competirem mantendo os braços levantados, na tradicional "posição de luta" do Taekwondo. Segundo mestre Cho, "hoje em dia, os competidores não usam mais os braços, mas isso é necessário. O Taekwondo não é uma luta só de chutes. Se fosse, seu nome seria Tae Do (a palavra *kwon* significa 'punhos', em coreano). Além disso, os socos precisam receber pontuações mais altas para incentivar seu uso nas competições. Isso deixaria as lutas bem mais dinâmicas e interessantes para o público em geral".

Sang Min Cho também crê que o uso de coletes eletrônicos, semelhantes aos utilizados nas competições de esgrima, é uma tecnologia que não condiz com esse tipo de combate, pois acabam, muitas vezes, sendo responsáveis por resultados absolutamente equivocados.

Alguns anos atrás, mestre Cho esteve em um evento na cidade de Las Vegas, nos Estados Unidos, quando o colete eletrônico foi oficialmente apresentado aos mestres dos Estados Unidos. Houve demonstrações de lutas e explicações técnicas sobre o procedimento da pontuação eletrônica. Desde então, mestre Cho ficou convencido de que o sistema não seria adequado para as competições de Taekwondo, pois apresentaria, inevitavelmente, resultados injustos.

Os protetores atuais medem o toque e a potência, baseados um uma calibragem feita nos instantes que antecedem cada luta. Essa calibragem, porém, pode ser muito falha, favorecendo um dos lutadores. Nunca dois coletes têm a mesma calibragem.

Esse problema, segundo mestre Cho, só seria solucionado com a volta da pontuação feita por juízes, que poderiam avaliar não somente se houve o toque, mas se a potência do golpe seria suficiente para a pontuação adequada.

Mestre Cho já discutiu o assunto em diversas oportunidades com o Dr. Chungwon Choue, presidente da WTF. Ele insiste que somente com juízes bem treinados é possível termos boas competições de Taekwondo.

Outra mudança que deveria ser adotada, segundo mestre Sang Min Cho, refere-se aos uniformes (*doboks*). Ele acredita que, nas competições, cada lutador deveria usar uniformes de cores diferentes, como no caso de qualquer outro esporte que tem o uniforme com as cores de cada país em competições internacionais.

A diversidade de cores deixaria mais claro para os espectadores quem é quem, possibilitando uma participação maior das torcidas, que também poderiam usar as cores dos seus competidores preferidos. Para justificar ainda mais a diferenciação de cores dos uniformes, ele faz uma comparação com o *hanbok*, traje típico coreano que pode ser de qualquer cor.

Por outro lado, Sang Min Cho diz que, nas academias e durantes os treinos, os praticantes devem usar o uniforme branco padrão. Sua única observação, quanto a isso, é que o uniforme deveria ser aberto na frente, voltando às origens dos antigos uniformes de Taekwondo da década de 1960, semelhantes aos *kimonos* de Caratê.

Além das mudanças diretas nas lutas de competições, Sang Min Cho afirma que um ponto crucial na organização dos eventos deve ser alterado: a cobrança de ingressos. Tradicionalmente, as competições de Taekwondo no mundo todo têm entrada livre, sem ingressos pagos. Esse quadro, entretanto, está mudando em muitos lugares. Mestre Cho diz que as importâncias recebidas valorizam e garantem ainda mais a qualidade e a organização dos eventos.

No caso de artes marciais como o Jiu Jitsu e o Muai Thai, é comum a cobrança de ingressos nos eventos, assim como nas lutas mais tradicionais, como o boxe ou o MMA, a "febre do momento".

A American Mexican Taekwondo Association (AMTA), com sede no estado do Texas, Estados Unidos, uma das entidades à qual mestre Cho é ligado, cobra entradas no valor de sete dólares por pessoa. Uma iniciativa de mestre Cho, nessa associação, foi doar parte do montante arrecadado com os ingressos para as cidades nas quais são sediadas as competições e elas, em troca, garantem a divulgação para o evento. Segundo Sang Min Cho, esse tipo de parceria está funcionando bem nas competições realizadas pela AMTA.

As arrecadações com os ingressos vendidos chegam a dezenas de milhares de dólares. As prefeituras atuam firmemente na divulgação dos eventos e, depois, é organizada uma cerimônia para a entrega oficial do valor arrecadado, para que as prefeituras possam utilizá-lo em programas sociais.

Cerimônia de entrega da premiação do *Taekwondo Hall of Fame*, em 6 de abril de 2007. O grão-mestre Sang Min Cho recebe a mais alta honraria do Taekwondo. Sentado à frente, o grão-mestre Nam Tae Hi, coronel do Exército da Coreia do Sul, conhecido como o segundo criador do Taekwondo, por ter participado, ao lado do general Choi Hong Hi, da idealização e da criação de todo o currículo inicial da arte marcial coreana. Nesta cerimônia, mestre Nam Tae Hi recebeu a mesma premiação, passando também a figurar no *Hall of Fame*.

Essa iniciativa está mudando a imagem do Taekwondo no estado do Texas. Para Sang Min Cho, todas as entidades ligadas ao Taekwondo deveriam ter esse tipo de parceria, tanto nos Estados Unidos, quanto em outros países, como o Brasil.

Por ter criado essa parceria entre a AMTA e as prefeituras do estado do Texas, mestre Sang Ming Cho recebeu uma das maiores honrarias oferecidas a um civil naquele país: um martelo de juiz, prêmio que simboliza a justiça nos Estados Unidos, dado somente pelo governo federal. A pedido de deputados texanos, o governo de Washington concedeu essa importante homenagem ao mestre coreano.

Sang Min Cho afirma que a imagem do Taekwondo no Brasil também pode e precisa ser mudada. A cobrança de ingressos e as parcerias com prefeituras podem ser um caminho importante, um avanço para que o Taekwondo seja visto como uma arte marcial capaz de realizar mudanças na sociedade, assim como aconteceu na Coreia, desde a sua criação.

Em uma conversa com um grupo de mestres chilenos, Sang Min Cho ouviu que a iniciativa de cobrar ingressos repassando parte dos lucros para as prefeituras seria inviável, pois o Chile é muito mais pobre que os Estados Unidos. Ninguém pagaria para assistir as competições e eventos ligados ao Taekwondo. Sang Min Cho respondeu que eles, como mestres, deveriam ser os responsáveis por mudar essa mentalidade no país.

Isso vale também para o Brasil. Seria necessário, em primeiro lugar, conscientizar o público da necessidade de se cobrar o ingresso nos campeonatos e em outros eventos do Taekwondo. Quem quisesse assistir a um campeonato, por exemplo, teria que pagar um valor previamente definido.

Mestre Cho também insiste em uma mudança estrutural, vital para a própria existência do Taekwondo: a disciplina e o respeito à hierarquia. Segundo Sang Min Cho, atualmente, os mestres não são respeitados nem mesmo saudados de acordo com a tradicional hierarquia do Taekwondo.

Ele lembra que a arte marcial coreana foi criada com base na disciplina e na hierarquia militares. Por essa razão, todos os praticantes, professores e mestres devem respeitar a importância das faixas e suas respectivas graduações. Além disso, devem ser seguidas as tradições de origem militar, como a saudação às bandeiras nacionais e aos superiores, as posturas rígidas de sentido, descansar etc., e o respeito ao juramento do Taekwondo, criado pelo próprio mestre Cho, na década de 1960, conhecido por praticantes do mundo todo. Os preceitos morais enraizados no Taekwondo são a base de toda a arte marcial. É isso que o diferencia de uma simples técnica de luta. Taekwondo não é simplesmente um meio de se aprender a chutar, socar e se defender, é uma orientação de vida, baseada na conduta militar e na força moral do praticante.

Por essas razões, a forma de agir e pensar dos professores e mestres de Taekwondo precisa mudar. Atualmente, a maioria se vê apenas como simples instrutores de luta, mas deveriam ser muito mais.

Além de ensinar toda a parte técnica de maneira correta, os professores e mestres precisam estar devidamente preparados para ensinar aos alunos todo o conteúdo teórico do Taekwondo, especialmente a disciplina e os conceitos morais. Infelizmente, a maioria desses professores e mestres mal sabe que existe esse conteúdo teórico.

Para Sang Min Cho, o estudo é a base para o crescimento dos praticantes, dos professores e dos mestres. Aprender sobre os conceitos e origens do Taekwondo através de livros e textos precisa se tornar uma rotina para todos os envolvidos com a arte marcial coreana.

Os professores e mestres devem incentivar os praticantes a seguirem, no mínimo, o juramento e o espírito do Taekwondo:

JURAMENTO DO TAEKWONDO
Observar as regras do Taekwondo
Respeitar o instrutor e meus superiores
Nunca fazer mau uso do Taekwondo
Ser campeão da liberdade e da justiça
Construir um mundo mais pacífico

ESPÍRITO DO TAEKWONDO
Cortesia
Integridade
Perseverança
Domínio sobre si mesmo (autocontrole)
Espírito indomável

De uma maneira geral, o juramento do Taekwondo é lido solenemente pelos professores, mestres e alunos em voz alta, no início de todas as aulas. É costume ter, nas academias ou em qualquer local de treinamento (*dojang*), um quadro com o juramento fixado na parede, mas o espírito do Taekwondo não é tão difundido. Entretanto, ele não é menos importante para os praticantes.

Para Sang Min Cho, todos os professores e mestres de Taekwondo precisam ser, em primeiro lugar, pessoas íntegras que realmente acreditem e tenham como norma de vida os conceitos morais da arte marcial. Só assim poderão ensinar e servir de exemplo para seus alunos, o que é um dos papéis mais importantes de um mestre.

"Ser um mestre de Taekwondo é muito mais do que saber ensinar o aluno a lutar: é saber ensinar uma forma de vida", enfatiza Sang Min Cho. O dever principal do mestre é ensinar o espírito e a mente do Taekwondo, depois as bases de conduta do treinamento (*dojang*) para que haja um reflexo na família e na sociedade. A qualidade do ensino da luta propriamente dita é uma consequência da força da base moral adquirida pelo aluno, cujo ensino é responsabilidade direta do mestre.

Quando se trata de crianças, a importância dos professores e dos mestres torna-se ainda maior. Ensinar e demonstrar o que é correto para elas é uma tarefa de grande importância e responsabilidade, segundo mestre Cho. Os alunos têm seus professores e mestres como referência de conduta e, por isso, os exemplos dados precisam ser os melhores possíveis.

Os bons mestres com nível técnico, moral e cultural elevados conseguem, muitas vezes, alcançar resultados impressionantes com crianças problemáticas, fazendo o que muitos pais ou professores do ensino tradicional não conseguem: inserir a disciplina na personalidade do aluno. Isso só ocorre quando os alunos respeitam e sentem admiração pelo seu mestre.

É preciso mudar as prioridades e os valores dos professores e mestres, retomando os conceitos originais do Taekwondo, tão enfatizados no "juramento do Taekwondo" e no "espírito do Taekwondo". Esses valores vêm se perdendo a cada nova geração de professores e mestres, segundo mestre Cho.

De acordo com estudiosos coreanos, os valores contidos no juramento e no espírito do Taekwondo foram cruciais para a mudança na própria sociedade coreana nos anos 1960 e 1970, período cultural, socioeconômico e político bastante conturbado no país. A mudança começou lentamente na Coreia do Sul, especialmente em razão da importância que o governo deu à educação. Com a obrigatoriedade do ensino do Taekwondo nas escolas, as crianças foram constantemente impactadas pelos conceitos do juramento e do espírito do Taekwondo, os quais tinham que repetir em voz alta sempre que iniciavam seus treinos, aprendendo com seus professores e mestres a importância desses valores.

Em relação à qualidade dos professores e mestres, Sang Min Cho lamenta o fato de não haver um controle rígido sobre as pessoas que se dizem professores e mestres, sem realmente serem. Ele afirma que um professor ou mestre só pode ser reconhecido como tal se tiver o diploma do Kukkiwon, órgão da WTF que emite os certificados oficiais.

Na Coreia, não é possível abrir uma academia ou dar aulas sem esse certificado. Infelizmente, diz Sang Min Cho, isso não acontece no Brasil nem em nenhum lugar do mundo. Cada país tem regras próprias ou regra alguma para oficializar e fiscalizar professores e mestres. E isso "empobrece os alicerces do Taekwondo".

Outro objetivo de mestre Cho é criar o que chama de "Taekwondo familiar" ou "Taekwondo família". Ele diz que o meio no qual vivem as pessoas ligadas à arte marcial coreana é uma família. Para ele, parte de sua própria família. O que ele está tentando difundir é o conceito de que o Taekwondo pode ser praticado em família, o que é muito saudável para todos, especialmente para as crianças.

Nos Estados Unidos, no estado do Texas, mestre Cho já trabalha há algum tempo com esse conceito, organizando e realizando, através da American Mexican Taekwondo Association (AMTA), um "festival de esportes de família", durante o qual famílias inteiras podem participar de competições, brincadeiras e demonstrações de vários esportes, com destaque para o Taekwondo. É uma ótima oportunidade para toda a família participar de um interessante momento de confraternização. No caso específico do Taekwondo, os pais se tornam técnicos de seus filhos durante demonstrações, combates e outras atividades ligadas ao Taekwondo. Com isso, toda a família ajuda e torce junta.

Mestre Sang Min Cho e o presidente da World Taekwondo Federation (WTF) Chungwon Choue.

Além do Taekwondo, esses festivais oferecem muitas outras atividades, como competições de cabo de guerra, por exemplo, que ajudam a reforçar o clima familiar do evento. É um momento para toda a família. Iniciativas como essa ajudam a mudar a imagem da arte marcial coreana, deixando-a familiar, reforçando os valores morais mais elevados e de maior importância para a sociedade.

Analisando os métodos de ensino da arte marcial coreana na atualidade, mestre Cho não concorda com o ensino de Taekwondo mesclado com outras artes marciais na mesma academia, na mesma aula. Sang Min Cho nada tem contra o treino de mais de uma arte marcial, até mesmo porque praticou diversos tipos de lutas e artes marciais. O que ele não considera correto, porém, é a mistura de outra arte marcial nas aulas de Taekwondo, principalmente o Hapkido.

O Hapkido é, atualmente, uma das artes marciais da "moda". Muitos mestres de Taekwondo também são mestres de Hapkido, o que não tem problema algum, segundo Sang Min Cho, que conclui: "Se você gosta mais do Hapkido, abra uma academia de Hapkido; se você gosta mais de Taekwondo, abra uma academia de Taekwondo. Entretanto, academias de Taekwondo devem ser só de Taekwondo".

Para ele, o Taekwondo coreano é um só e, nesse caso, seu ensino independe do estilo. Não importa se é WTF, ITF ou qualquer um dos antigos estilos (*kwans*), tudo é Taekwondo coreano. "É preciso voltar ao Taekwondo arte marcial", diz o mestre, afirmando que a mistura com outras artes marciais só serve para descaracterizar ainda mais as origens e os objetivos da arte marcial coreana.

Segundo mestre Cho, o Hapkido é uma arte marcial coreana com origens e técnicas de defesa pessoal muito semelhantes às do Taekwondo, o que permite, nesse caso específico, a utilização de algumas técnicas de defesa pessoal do Hapkido nos treinos de Taekwondo.

A mudança mais radical que Sang Min Cho gostaria de ver implantada no Taekwondo é a união, em todo o mundo, das duas principais entidades: a WTF e a ITF. As regras de competição utilizadas pelas duas vertentes são diferentes, mas poderia haver uma adaptação que contribuísse para o engrandecimento do Taekwondo coreano.

Sang Min Cho acredita que ele e os outros mestres pioneiros podem e devem sugerir e mediar mudanças no Taekwondo mundial, pelo fato de terem começado nessa arte antes da própria existência da WTF, e por terem vivido e participado de uma época na qual o Taekwondo era unificado. Só existia o Taekwondo coreano, motivo pelo qual ele e os outros pioneiros viajaram mundo afora, para difundir a arte marcial coreana.

Para os coreanos da WTF, que só conheceram o Taekwondo depois da bipolarização da arte marcial, o Taekwondo da ITF é o "Taekwondo da Coreia do Norte", ou seja, do inimigo. Essa crença surgiu pelo fato de o general Choi Hong Hi, fundador da ITF, ter ido para a Coreia do Norte. A ITF, por sua vez, não consegue se firmar no cenário mundial na mesma proporção que a WTF, e nunca conseguirá, pois não tem a força do governo sul-coreano, o apoio do Comitê Olímpico Internacional (COI), nem a estrutura dos países membros da entidade olímpica.

Através do seu empenho pessoal e com toda a força da entidade criada pelos pioneiros do Taekwondo, a World Taekwondo Alliance (WTA), Sang Min Cho já conseguiu reunir dirigentes da ITF de alguns países, como a Alemanha e outros países da antiga União Soviética, para uma aproximação com a WTF coreana. Por enquanto, a principal ligação entre a WTF e a ITF é a própria entidade de Sang Min Cho, a WTA.

> Ser um mestre de Taekwondo é muito mais do que saber ensinar o aluno a lutar: é saber ensinar uma forma de vida.

A vida e o futuro do grande mestre coreano

Q UANDO PERGUNTAM A MESTRE CHO sobre o que mais gosta na vida, o que lhe dá mais satisfação, ele afirma sem hesitar: "O que eu gosto é de Taekwondo! Eu durmo e acordo pensando em Taekwondo. Essa é a minha vida!".

Mestre Sang Min Cho, hoje com a graduação de faixa-preta 9º *dan*, acorda cedo todos os dias, por volta das 5h30 da manhã. Leva uma vida bastante simples e regrada, no que diz respeito aos hábitos relacionados ao Taekwondo e à sua saúde.

Mora nos Estados Unidos, em uma cidade próxima a Los Angeles, no estado da Califórnia. Sua casa fica localizada em uma região de colinas e as ruas próximas são ladeiras, algumas mais e outras menos íngremes. Mesmo tendo mais de 70 anos de idade, corre diariamente entre uma hora e uma hora e meia. Depois para em algum local tranquilo para se exercitar, fazendo alongamentos, treinando chutes e sequências de técnicas do Taekwondo, os antigos *hyongs* e os atuais *pomses*. Em seguida, concentra-se em meditação, que também fazia parte dos conceitos originais do Taekwondo.

O início das aulas de Taekwondo contava com alguns minutos de exercícios de respiração, alongamento e meditação, como os da Yoga. Em suas aulas no Brasil, mestre Cho sempre dedicava cerca de 20 a 30 minutos para essas atividades, dizendo que "sem concentração, nenhum lutador pode ser completo". Esses exercícios contribuem muito para a concentração, o foco e o equilíbrio do praticante de Taekwondo.

Mestre Sang Min Cho e sua esposa Bo Sun Cho. Uma vida inteira de lutas, dificuldades e conquistas.

Na vizinhança de Sang Min Cho, moram muitas famílias de imigrantes vietnamitas já conhecidas do mestre há tempos. Esses vizinhos, como diz mestre Cho, se impressionam com o que um senhor como ele, com mais de 70 anos, consegue fazer. Seus chutes, demonstrações de técnicas e resistência física ainda são impressionantes. Como diz o mestre, "uma pessoa, na minha idade, conseguindo fazer o que eu faço, no mínimo atrai a curiosidade das pessoas. Dessa forma, acabo despertando admiração e respeito e demonstro credibilidade como mestre". Para ele, esse é um dos principais papéis de um mestre: difundir sua arte e demonstrar credibilidade para todos, mesmo para aqueles que não fazem parte do universo do Taekwondo.

Para mestre Cho, todos os mestres precisam treinar sempre, pois só assim terão o respeito e a credibilidade junto aos seus alunos e até mesmo de pessoas sem ligação com o Taekwondo. Aliás, credibilidade é uma das palavras que mestre Sang Min Cho mais menciona quando se refere às qualidades que um professor ou mestre devem ter.

"Alma, corpo e espírito precisam estar em sincronia. Não adianta ter apenas mente se não tiver corpo bom e espírito preparado." Esse tipo de prática faz uma grande diferença nos campeonatos e em combates reais, sejam situações de guerra ou em casos de defesa pessoal, pois é um diferencial em relação àqueles que só treinam o físico. "Mente e respiração fazem muita diferença", afirma Sang Min Cho.

Todo treinamento físico e os cuidados com a mente praticados por Sang Min Cho têm como objetivo principal o seu bem-estar e a sua saúde física e mental. Ele diz que a sua saúde é o seu maior bem, pois de nada adianta dinheiro e riquezas, se não tiver saúde. Além do mais, a atividade física regular é uma ótima forma de combater o estresse do dia a dia.

Mestre Cho gosta de ensinar, o que é uma característica dos grandes mestres. Quando está com praticantes, professores ou mestres, sempre ressalta que o Taekwondo não é composto apenas de chutes e socos.

Em primeiro lugar, qualquer um que se envolva com a arte marcial coreana deve se tornar um ser humano completo, humano no sentido mais amplo da palavra. Para ele, as técnicas marciais "são exercícios e treinamentos. O importante é mudar a forma de pensar, a educação e, até mesmo, melhorar o jeito de se vestir".

Segundo o mestre, quem pratica Taekwondo deve aprender a ajudar o próximo e contribuir, ao máximo, para a melhoria da sociedade. Esses valores, reforçados constantemente aos praticantes de Taekwondo, são considerados os pilares morais da atual sociedade sul-coreana e, certamente, contribuem para um mundo mais pacífico. Para muitos historiadores coreanos, os conceitos cívicos e morais introduzidos na sociedade coreana pelo Taekwondo, a partir da década de 1960, contribuíram para que a sociedade e a economia do país chegassem ao elevado grau de desenvolvimento econômico, social e cultural dos dias de hoje.

Numa autoanálise, Sang Min Cho diz que o melhor espelho para sua vida é a visão que as outras pessoas têm dele, especialmente seus alunos e as pessoas ligadas ao Taekwondo. "Através do aluno, o mestre pode se ver, e as pessoas podem saber quem é o mestre, olhando para seus alunos."

Se um praticante de Taekwondo for uma pessoa boa, correta e dedicada em todas as áreas, qualquer um gostaria de seguir o mestre desse aluno. Em outras palavras, continua o mestre, "se quiser conhecer a árvore, primeiro conheça os frutos".

Sang Min Cho sempre enfatiza que um bom mestre não é o que diz aos alunos o que é correto, mas aquele que demonstra correção, age e vive de acordo com os conceitos que quer ensinar. Demonstrar é muito mais eficiente do que simplesmente falar, além de ser mais honesto e verdadeiro.

Ensinar "falando", em vez de "demonstrando" ou "sendo", além de menos eficiente, ainda pode ter a conotação de prepotência ou soberba. Conforme diz Sang Min Cho, "para meus alunos, eu dei exemplos e não fiquei dizendo como eles devem se comportar. Com isso, eu ensino que uma pessoa, quando fala dela mesma, pode estar tendo um comportamento prepotente".

Sang Min Cho valoriza muito a personalidade das pessoas, a honra e a correção. Costuma ser bem analítico com as pessoas que conhece e procura indícios do caráter. Uma das coisas que leva em grande consideração é a capacidade de as pessoas manterem amizades duradouras, pois isso é uma grande prova de valor.

"Não é nada fácil manter uma amizade verdadeira por muito tempo, porque as pessoas não são iguais e, por qualquer motivo, deixam de ser amigas", diz Sang Min Cho. Segundo ele, através das amizades podemos enxergar as pessoas por dentro.

Todas as manhãs, nos seus momentos de meditação, mestre Cho ora e pede a Deus que possa ouvir, no decorrer do dia, ao menos cinco vezes "obrigado". É uma forma que encontrou de ver que foi possível fazer cinco boas ações no dia, por menor que tenham sido. É a sua maneira pessoal de tentar melhorar o mundo, com pequenas atitudes, pois acredita que seus atos serão seguidos por seus alunos e por aqueles que veem nele um exemplo. É para isso que ele se esforça diariamente, para ser um bom exemplo.

Ele fez desse objetivo, um estilo de vida, ao qual sua mente e corpo já estão habituados. Essa é uma das maneiras que usa para continuar sempre crescendo e evoluindo como ser humano. Além disso, durante suas orações, ele pede a Deus que permita que seu dia seja de uma determinada maneira. Com isso, traça todas as metas que deseja alcançar, sempre de acordo com os ensinamentos de Deus. Como ele diz, "todas as manhãs, eu oro, decido e digo 'hoje vou viver de determinada maneira'".

Sobre a morte, mestre Cho é enfático: "A morte é uma decisão dos Céus. Ninguém sabe... eu não sei! Se ficar pensando e temendo a própria morte constantemente, a pessoa não viverá, pois o fim inevitável da vida neste mundo continua prevalecendo".

Aqueles que vivem com medo de morrer, segundo mestre Cho, acabam ficando paranoicos, tomam remédios de forma exagerada e perdem muito tempo com consultas médicas desnecessárias. A melhor forma de manter a saúde é se exercitar regularmente, como ele mesmo faz. Remédios, só toma os imprescindíveis. Sang Min Cho não concorda com o uso demasiado de remédios, numa busca desesperada pela saúde e pela longevidade. O uso desnecessário de remédios pode provocar a sua ineficiência quando forem realmente necessários.

Segundo ele, quando apresenta melhora em algum problema de saúde, os médicos dizem que ele deve ter uma grande "força espiritual e mental". Isso só comprova suas convicções de que, na maioria das vezes, as enfermidades podem ser prevenidas, e até mesmo curadas, apenas com uma vida saudável, baseada em exercícios físicos regulares, boa alimentação, disciplina de horários, sono e o controle do estresse através da meditação.

Mestre Sang Min Cho, nos Estados Unidos, cultivando um estilo de vida saudável.

Mestre Cho acredita que as pessoas com mais de 50 ou 60 anos, por estarem mais sujeitas a problemas cardíacos, digestivos, estresse e dores musculares, entre outros, são as que mais podem se beneficiar com uma vida saudável e com a prática de exercícios físicos regulares.

As pessoas sadias, por sua vez, precisam saber o que fazer com sua saúde, ou seja, ser saudável abre possibilidades ilimitadas, mas o nosso tempo não é ilimitado. Devemos fazer escolhas que nos agradem e agradem a Deus, ajudando o maior número de pessoas que pudermos. "Se não fizermos isso, para que serve a saúde?" Segundo ele, "precisamos ser saudáveis, saber por que queremos viver mais e o que faremos com o nosso tempo. Se pensarmos com essa simplicidade, o medo da morte desaparece ou diminui muito".

Quando virá o fim? Quando a morte chegará? Esses são questionamentos que mestre Cho prefere não fazer. Sua opção de vida é manter-se saudável através de cuidados simples, exercícios, poucos remédios e alegrar-se todos os dias. Entretanto, acredita que a única forma de estar pronto para partir é ter a certeza de ter realizado plenamente suas missões.

"Eu não tenho medo da morte. Minha esposa disse para comprarmos um jazigo em um cemitério, mas eu disse que não queria, pois desejo ser cremado e ter minhas cinzas jogadas no Oceano Pacífico. Quando eu morrer, eu vou para o Céu. Meus filhos não me visitariam em um cemitério, pois saberiam que eu não estaria lá e sim no Céu..."

Mestre Sang Min Cho é um homem com uma história de vida impressionante, mas seu legado ainda não terminou de ser construído. Sua luta pelos ideais do Taekwondo e por ajudar, da maneira que puder, a construir um mundo melhor, são seus objetivos de vida. Isso é realmente inspirador, pois quando alguém que realmente não precisa lutar por alguma coisa o faz, mostra seu lado verdadeiro e serve de inspiração para muitos. Aliás, esse não é ou deveria ser o papel de todos os professores e mestres?

> Eu não tenho medo da morte. Minha esposa disse para comprarmos um jazigo em um cemitério, mas eu disse que não queria, pois desejo ser cremado e ter minhas cinzas jogadas no Oceano Pacífico. Quando eu morrer, eu vou para o Céu. Meus filhos não me visitariam em um cemitério, pois saberiam que eu não estaria lá e sim no Céu...

BIBLIOGRAFIA

KIM, Yeo Jin. *Taekwondo. Arte Marcial Coreana*. São Paulo: Editora Thiré, 1995, vol. I.

KIM, Yeo Jin; SILVA, Edson. *Taekwondo. Arte Marcial Coreana*. São Paulo: Roadie Crew Editora, 2000, vol. II.

LEE, Woo Jae; KIM, Yong Min. *Aprenda Taekwondo*. 2ª ed., Espírito Santo: Editora Brasil-América, 1988.

LEE, Won Il. *Tae Kwon Do. Técnicas Superiores*. Rio de Janeiro: Record, 1979.

NEGRÃO, Carlos. *Taekewondo Fundamental*. 1ª ed., São Paulo: Prata Editora, 2012.

Taekwondo & Korean Martial Arts Magazine. Inglaterra, vol. II, 2006.

Tae Kwon Do Journal. Estados Unidos, vol. I, n. 1, 1977.